［過去問］

2024
早稲田実業学校初等部
入試問題集

JN124394

・問題内容についてはできる限り正確な調査分析をしていますが、入試を実際に受けたお子さんの記憶に
　基づいていますので、多少不明瞭な点はご了承ください。

Shinga-kai

早稲田実業学校初等部

過去10年間の入試問題分析
出題傾向とその対策

2023年傾向

昨年度同様、15人グループでのペーパーテスト、個別テスト、集団テスト、運動テストがあり、考査時間は約1時間でした。ペーパーテストは話の記憶とほかの項目2題の計3題で、個別テストでは生活習慣または巧緻性と、絵画などが出題されました。集団テストでは、行動観察でごっこ遊びが行われました。

傾　向

考査は生年月日順に男女別で行われます。男女のスタートする順番は、初等部の初年度入試から1年ごとに入れ替わっていましたが、2011～2014年度は男子から、2015、2016年度は女子から、2017～2023年度は男子から行われています。例年は、第一次の所要時間は1時間～1時間30分で、ペーパー、個別、集団、運動テストが行われます。ペーパーテストはグループによって問題が異なり、話の記憶とほか1項目から出題されていましたが、2017年度からは話の記憶とほか1、2項目から出されるようになり、出題の幅が広がりました。また、2020年度以前はすべて口頭で出題されていましたが、2021年度以降はモニター画面からの映像や音声によるものもあり、出題方法にも変化が見られます。使用するプリントも近年はカラーとなり、色にも注意を向け判断する力が必要です。話の記憶はさほど長くない文で、生活場面での話が多く出されています。ほかの項目は数量、推理・思考、観察力、構成などが多く、難易度も上がってきています。個別テストでは絵画や制作、生活習慣、巧緻性などの課題が行われ、ペーパーテスト同様に2021年度以降は機器を使った出題が増えてきています。絵画は12色のクレヨンを使用し10～15分で行いますが、2017、2018年度は発想力を見る想像画、2019、2020年度は生活体験からの課題画、2021年度は創造画、2022、2023年度は条件画でした。制作も課題は多岐にわたり、2021年度はプレイマイスという、水で濡らすと互いに接着する自然に優しいユニークな素材を使い、テーマに沿って制作するという出題もありました。生活習慣は重要項目で、机ふき、はしの扱い、衣類のたたみ方、風呂敷包み、小さなちりとりやほうきを使った片づけなどがグループ別に毎年出題されてい

ます。「片づけましょう」などと言われるだけで具体的な指示が少ないことも多く、自分で判断する力が求められます。巧緻性では、貼り絵、ひも結び、線をなぞりその紙を台紙にのりで貼りつける作業などが今までに出されています。巧緻性だけでなく制作でも手本を見て自分で作り方を考える課題がありますので、焦らずによく見て取り組むことが必要です。集団テストの行動観察では、お友達と行うゲームなどの中で、約束に対する意識、より上手に行うために相談して工夫する力、協調性を見られます。課題に対する積極性をはじめ、お友達と相談・協力し合って楽しめるかがポイントです。運動テストの比重は大きくありませんが、模倣体操などの基本的な課題が行われています。第一次の合格者のみ第二次に進み、親子面接が行われます。保護者への質問は少なく、子どもへの質問が大半を占めます。保護者より子どもが少し前に座るため、面接の間は子どもの顔を見ることはできません。日ごろからお子さんを信頼し、お子さんが自信を持って質問に答えられるようにしておきましょう。

対　策

ペーパーテストで出題される課題は少しずつ変化してきていますので、話の記憶、数量、推理・思考、構成などの頻出項目は特に、基本問題から応用問題までしっかりと準備しておきましょう。また、初めて会う同年齢の子どもたちの中でも堂々と意見を言ったり意欲的に行動したりできるよう、自信をつけるためのいろいろな経験をしておくことが大切です。楽しい経験をしたときには、その思い出を絵に描いてみるのもよいでしょう。個別テストでは絵画が毎年出題されており、限られた時間の中で描く力を養うことが必要です。上手に描くよりも自分らしくのびのびと描くことが大切なので、できあがった絵を見てよいところを見つけてあげるようにし、絵に込めた想いなども上手に聞き出しながら、描く意欲を伸ばしましょう。2022、2023年に出題されている条件画では、一見無関係なもの同士を組み合わせる発想力が必要でした。個性や創造性を発揮できるかが鍵となるでしょう。生活習慣は毎年出題されていますので、たたむ、結ぶ、包む、折る、ふく、掃くなど日常生活の中で手先を使う作業に慣れておきましょう。大人がすぐに手を貸さずに、どうしたらできるのかを考えさせることも大切です。合格者の様子を見ても、課題がすべてできれば合格するというわけではなく、あきらめずに取り組む姿勢などを含めた総合的な観点からよい結果につながっています。普段から辛抱強く工夫しながら挑戦する姿勢を養うとともに、さまざまなことに意欲的に取り組めるよう、言葉かけや環境づくりを心掛けましょう。行動観察ではリーダーシップも大事ですが、積極的に意見を伝えること、一緒に活動する気持ちをお互いに持つことが大切です。自分から話すことが苦手なお子さんには、「どうしたらよいかな？」と問いかける言葉や、ほかの子の意見に同意するときの「いいね」「そうしよう」などの言葉がスムーズに出るようにアドバイスしてあげましょう。面接は、過去の質問内容にふれてひと通り答えられるようにまとめておくことと、お子さんをどのように育てたいかという教育方針をはっきりさせ、保護者が早稲田実業学校初等部への理解をしっかり深めておくことが大切です。

年度別入試問題分析表

【早稲田実業学校初等部】

	2023	2022	2021	2020	2019	2018	2017	2016	2015	2014
ペーパーテスト										
話	○	○	○	○	○	○	○	○	○	○
数量	○	○	○	○	○	○	○	○	○	○
観察力	○	○	○	○	○	○				○
言語										
推理・思考	○	○	○	○	○	○	○	○	○	○
構成力		○	○	○	○	○	○	○		○
記憶										
常識									○	
位置・置換										
模写		○			○	○	○			
巧緻性										
絵画・表現										
系列完成		○				○	○	○		
個別テスト										
話										
数量										
観察力										
言語	○	○	○	○	○	○	○	○	○	○
推理・思考										
構成力										
記憶										
常識										
位置・置換										
巧緻性	○	○	○			○	○	○	○	○
絵画・表現	○	○	○	○	○	○	○	○	○	○
系列完成										
制作				○	○				○	○
行動観察										
生活習慣	○	○	○	○	○	○	○	○	○	○
集団テスト										
話										
観察力										
言語										
常識										
巧緻性										
絵画・表現										
制作										
行動観察	○	○	○	○	○	○	○	○	○	○
課題・自由遊び										
運動・ゲーム										
生活習慣										
運動テスト										
基礎運動						○				
指示行動				○						
模倣体操					○	○	○		○	○
リズム運動		○							○	
ボール運動										
跳躍運動				○		○	○			
バランス運動		○		○				○		
連続運動	○							○		
面接										
親子面接	○	○	○	○	○	○	○	○	○	○
保護者(両親)面接										
本人面接										

※伸芽会教育研究所調査データ

小学校受験Check Sheet

　お子さんの受験を控えて、何かと不安を抱える保護者も多いかと思います。受験対策はしっかりやっていても、すべてをクリアしているとは思えないのが実状ではないでしょうか。そこで、このチェックシートをご用意しました。1つずつチェックをしながら、受験に向かっていってください。

✳ ペーパーテスト編

①お子さんは長い時間座っていることができますか。

②お子さんは長い話を根気よく聞くことができますか。

③お子さんはスムーズにプリントをめくったり、印をつけたりできますか。

④お子さんは机の上を散らかさずに作業ができますか。

✳ 個別テスト編

①お子さんは長時間立っていることができますか。

②お子さんはハキハキと大きい声で話せますか。

③お子さんは初対面の大人と話せますか。

④お子さんは自信を持ってテキパキと作業ができますか。

✳ 絵画、制作編

①お子さんは絵を描くのが好きですか。

②お家にお子さんの絵を飾っていますか。

③お子さんははさみやセロハンテープなどを使いこなせますか。

④お子さんはお家で空き箱や牛乳パックなどで制作をしたことがありますか。

✳ 行動観察編

①お子さんは初めて会ったお友達と話せますか。

②お子さんは集団の中でほかの子とかかわって遊べますか。

③お子さんは何もおもちゃがない状況で遊べますか。

④お子さんは順番を守れますか。

✳ 運動テスト編

①お子さんは運動をするときに意欲的ですか。

②お子さんは長い距離を歩いたことがありますか。

③お子さんはリズム感がありますか。

④お子さんはボール遊びが好きですか。

✳ 面接対策・子ども編

①お子さんは、ある程度の時間、きちんと座っていられますか。

②お子さんは返事が素直にできますか。

③お子さんはお父さま、お母さまと3人で行動することに慣れていますか。

④お子さんは単語でなく、文で話せますか。

✳ 面接対策・保護者（両親）編

①最近、ご家族での楽しい思い出がありますか。

②ご両親の教育方針は一致していますか。

③お父さまは、お子さんのお家での生活や幼稚園・保育園での生活をどれくらいご存じですか。

④最近タイムリーな話題、または昨今の子どもを取り巻く環境についてご両親で話をしていますか。

section 2023 早稲田実業学校初等部入試問題

■ 選抜方法

| 第一次 | 考査は1日で男子から先に実施。生年月日順（男子は年長者、女子は年少者から）で指定された日時に、受験番号順に15人グループでペーパーテスト、個別テスト、集団テスト、運動テストを行う。第一次考査で男女合わせて約200人を選出する。所要時間は約1時間。 |

| 第二次 | 第一次合格者を対象に2会場に分けて親子面接を行う。 |

考査：第一次

内容はグループによって異なる。

■ ペーパーテスト

筆記用具は赤のクーピーペンを使用し、訂正方法は // （斜め2本線）。出題方法は口頭と映像。

1 話の記憶

「たろう君は、お父さん、お母さん、妹と一緒にお昼ごはんを食べにレストランに行きました。メニューを見るとどれもおいしそうで、迷ってしまいます。お母さんが『わたしはカレーライスにしようかしら』と決めたので、たろう君も『僕はオムライスがいいな』と言いました。妹は『これがいい』とお子さまランチを指さしました。黙ってメニューを見ているお父さんに『お父さんは何にするか決まった？』とたろう君が聞くと、『そうだな。お母さんと同じものにしようかな』と答えたので、さっそく店員さんを呼んで注文をしました。食事をしながら、お父さんが『今度のお休みはどこにお出かけしようか』と聞くと、妹が『わたし、イルカが見たい！』と言いました。もちろん、みんなは大賛成です。どうやら、お出かけの場所が決まったようですね」

・お父さんが注文したものに○をつけましょう。
・今度のお休みに、たろう君の家族はどこに出かけるでしょうか。○をつけましょう。

2 話の記憶

「『今日の夕ごはんは何がいいかな？』とさちこさんと弟が話しています。『お母さんのチーズグラタンが食べたいな』とさちこさんが言うと、弟も『いいね。僕もそれがいいな』と賛成しました。そこで材料を買いに、さちこさん、弟、お母さんの3人でスーパーマーケットに行きました。外は雨が降っていたので、みんなで傘をさして向かいました。スー

パーマーケットに着くと、お母さんが『牛乳、鶏肉、ジャガイモとチーズを買いましょう』と言って、カゴの中に牛乳と鶏肉を入れました。次はジャガイモです。野菜売り場に着くと、お母さんは『あら、ジャガイモが高いわね。今日は買うのをやめましょう』と言って、そのままレジに行きました。お会計を済ませて、さちこさんの背中のリュックサックに買ったものをしまい、帰ることにしました。『傘を忘れないでね』とお母さんが言ったので、外を見てみると先ほどまで降っていた雨もやんだようです。雨上がりの道を歩いていたそのとき、さちこさんが『あっ！　何か買い忘れたものがない？』と声を上げました。お母さんは『お家に帰る前に気づいてよかったわね。ありがとう』とニッコリ笑いました」

・スーパーマーケットを出たとき、さちこさんが手に持っていたものに○をつけましょう。
・買い忘れてしまったものに○をつけましょう。

③ 話の記憶

「たかし君はお昼ごはんを食べに、お父さん、お母さん、妹とレストランに行きました。そこでカレーライスを食べながら、『このカレーライス、骨つきのお肉がとてもおいしいね。お母さん、お家でもこういうカレーを作ってくれない？』とお願いすると、お母さんが『そんなにおいしいなら、自分で作ってみるのはどうかしら？』と言いました。たかし君は『うん！　僕、自分で作ってみる！』と張り切って、レストランのカレーライスには何が入っているのか、よく見ながら食べました。次のお休みの日、さっそくたかし君はお父さん、妹と一緒に、カレーライスの材料を買いにスーパーマーケットに行きました。まず、タマネギをカゴに入れます。次にナスとズッキーニも入れました。『ポテトチップスも買って！』と妹がおねだりしましたが、お父さんに『それはカレーライスには入れないから買わないよ』と言われて少しがっかりしています。『ニンジンはどうする？』とお父さんが聞くので、たかし君は『ニンジンは入れないから、買わなくていいんだ』と答えました。『ルーは辛口にする？　それとも甘口にする？』と聞かれたので、『そうだな、甘口がいいかな』と答えると、お父さんが高い棚から甘口のルーを1箱取ってくれました。お家に帰って、『さあ、この前食べたようなカレーライスを作るぞ！』とたかし君が腕まくりをしたそのときです。お母さんが『何か大事なものが足りないんじゃない？』と言いました。たかし君とお父さんは顔を見合わせ、笑ってしまいました」

・たかし君が買い忘れたものに○をつけましょう。
・妹が買いたいと言ったものに○をつけましょう。

④ 話の記憶

「今日は大みそかです。お母さんが大掃除をしようと言いました。お父さんはいつもはお風呂掃除をしていますが、今日は外の窓ふきをしています。外の空気は冷たくて、お父さ

んは大変そうです。たろう君とお姉さんは、子ども部屋のお掃除です。お姉さんは机をふいています。『僕は何をしようかな』と、たろう君は迷ってしまいました。廊下の方へ歩いていくと、おもちゃにつまずいて転びそうになりました。お姉さんが素早く枕を持って倒れそうなたろう君の下にさっと置いてくれたので、たろう君は床に頭をぶつけずに済みました。その様子を見ていたお母さんに『このままでは危ないから、まず床のものを片づけたら？』と言われました。床の上は、おもちゃでいっぱいです。『いらないものはカゴの中に、いるものは木の箱に、分けていきましょう』とお母さんが言ったので、たろう君はそれに合わせて片づけることにしました。まだきれいなゾウのぬいぐるみは、木の箱に入れました。クマのぬいぐるみと赤ちゃんのときから使っている恐竜のぬいぐるみは、少し破れてしまっているのでカゴの中に入れました。それから、『この虫の絵本は何回も読んだからカゴに入れて……イヌのぬいぐるみも手が取れているから、カゴの中だね。この車はかっこいいし、まだ使えるから木の箱だ』と片づけをしていきました。すると、ずっと探していたおもちゃの飛行機の羽を見つけました。『ここにあったんだ！　これはおばあちゃんのお家に行くときに乗った飛行機でもらった、思い出の飛行機なんだ。今まで羽が見つからなくて直せなかったんだ』。そう言って、折れていた片方の羽を接着剤でつけて棚に飾りました」

・たろう君がカゴに入れたものに○をつけましょう。
・たろう君が見つけて喜んだのは何のおもちゃの部品でしたか。合う絵に○をつけましょう。

5 話の記憶

「たろう君は、お母さんにお使いを頼まれました。『ニンジンとピーマン、それからタマネギをお願いね』。たろう君は、1人でお使いに行くのは初めてです。ドキドキしましたが、『ニンジン、ピーマン、タマネギ。ニンジン、ピーマン、タマネギ……』と忘れないように言いながら歩いていきました。角を曲がったところで大きいイヌに『ワン！』とほえられて、たろう君はびっくりしました。『あれ、何だったかな？』驚いた拍子に、たろう君は買うものを忘れてしまいました。八百屋さんに着くと、『いらっしゃい。今日はナスが安いよ！』とおじさんが声をかけてくれました。『ニンジンとピーマンと……何だったかな。あと1つ、何を買うのか思い出せないな』。おじさんと一緒にお店の中を見回して思い出そうとしていると、近くにいたおばあさんが『これかい？』とタマネギを見せてくれました。『あ、それだ！』と、おじさんに買うものとお金を渡しました。『1人でお買い物なんてすごいね。ミカンをおまけにあげるから、持って帰りな！』と言ってくれたので、買ったものとミカンを持って、たろう君はお家に帰りました」

・八百屋のおじさんが「安い」と言ったものに○をつけましょう。

・たろう君がお買い物を頼まれたものが、頼まれた順番に上から描いてある四角に○をつけましょう。

6 話の記憶

「はなこさんは、絵を描くのが大好きです。色鉛筆が短くなったので、お母さんと妹と一緒に新しい色鉛筆を買いに文房具屋さんへ行きました。お店に入るとたくさん文房具があって、はなこさんと妹はうれしくなりました。お店の中を行ったり来たりしながら色鉛筆を探して歩いていると、イチゴのにおいがするピンクのかわいい消しゴムを見つけました。『お母さん、これが欲しい！』とはなこさんがおねだりをすると、お母さんは『駄目よ。前にも同じようなものを買ったじゃない。それがまだ使えるわよ』と言います。『これも絶対に大事に使うから、買って』とはなこさんが一生懸命お願いすると、『仕方がないわね。大事に使ってね』とお母さんは許してくれました。『わあ！　お母さん、ありがとう！』とはなこさんは大喜びです。それを見ていた妹が『いいなあ！　わたしもこのクマのシールが欲しいな』と言って、足をバタバタ踏み始めました。お母さんは仕方なく2人の欲しいものをレジに持っていき、お会計をしました」

・はなこさんとお母さんと妹は、本当は何を買いに行きましたか。合う絵に○をつけましょう。
・2人が買ってもらったものが描いてある四角に○をつけましょう。

7 話の記憶

「ゆきさんは、お父さん、お母さん、お姉さんと動物園にやって来ました。入口の近くではフラミンゴが片足で立っています。『わあ、片足で上手にバランスをとっているわね』。感心して見た後、この先はどんな順番で見て行こうかとみんなで相談を始めました。ゆきさんが『パンダが見たいな』と言うと、お姉さんは『わたしはキリンがいいわ。まつ毛が長くてかわいいのよ』と言い、お母さんが『赤ちゃんが生まれたっていうニュースをこの前テレビで見たから、ヒツジが見たいわ』と言いました。『よし、見たいものはわかったぞ』とお父さんが近くにあるパンダの柵の方を見ると、大行列ができています。『パンダは混んでいるから、先にキリンを見よう』。そこで先にキリンを見て、その後にヒツジを見て、最後にパンダを見て帰りました」

・動物園で初めに見た生き物に○をつけましょう。
・みんなが見た生き物が、見た順番に上から描いてある四角に○をつけましょう。

8 話の記憶

「ゆりさんは、お父さん、お母さん、お姉さんと一緒に水族館に行きました。入口を入る

とすぐに大きな水槽があって、クラゲがたくさん泳いでいます。『さあ、この後は何から見ていこうか』と、みんなで相談を始めました。ゆりさんが『わたしはイルカのショーが見たいな』と言い、お姉さんは『わたしはペンギンが見たいわ。頑張ってヨチヨチ歩くところがかわいいの』と言いました。お母さんは『わたしはラッコが見たいわ。ラッコの赤ちゃんが生まれたっていうニュースをテレビで見たの』と言いました。お父さんは『イルカのショーまでまだ時間があるから、先にペンギンのショーを見て、それからお母さんが見たいと言ったものを見て、最後にイルカのショーを見ることにしようか』と提案しました。ゆりさんとお姉さんが『楽しみだね！』とおしゃべりをしていると、『ほらほら、ペンギンのショーが始まるぞ！』とお父さんに呼ばれました。楽しい１日になりそうですね」

・水族館で初めに見た生き物に○をつけましょう。
・みんなが見たい生き物が、見る順番に上から描いてある四角に○をつけましょう。

9 数量（対応）

・大きな四角にある材料を使って、下の左端のハンバーガーを作ります。ハンバーガーはいくつできますか。その数だけ、マス目の中に１つずつ○をかきましょう。

10 数量（対応）

モニターに、果物がカゴに入ったお手本が映し出される。映像が消えたら、問題に取り組む。
・大きな四角にあるリンゴとミカンを使って、先ほど見た果物のカゴを作ります。カゴはいくつできますか。その数だけ、マス目の中に１つずつ○をかきましょう。

11 数 量

・大きな四角にある果物のうち、数が一番多いものはどれですか。下の５つの中から選んで○をつけましょう。

12 数 量

・大きな四角にいる虫のうち、数が一番多いものはどれですか。下の５つの中から選んで○をつけましょう。

13 数量（対応）

モニターに、果物とカゴが描かれたお手本が映し出される。映像が消えたら、問題に取り組む。
・大きな四角にある果物を、先ほど見たようにカゴに入れていきます。カゴはいくつできますか。その数だけ、マス目の中に１つずつ○をかきましょう。

14 **数量（対応）**

・上の四角にバーベキューの串があります。この串を両方とも抜いてバラバラすると、どのようになりますか。正しい四角に○をつけましょう。

15 **数　量**

・４つの四角の中に、それぞれテーブルといすがあります。人が一番多く座れる四角を選んで、○をつけましょう。

16 **数　量**

・上の四角の乗り物が、下の４つの四角の中にあります。タイヤを全部合わせた数が一番多い四角に○をつけましょう。

17 **推理・思考（重ね図形）**

・上の２つの形をそのまま横にずらして重ねると、どのようになりますか。正しいものを下から選んで○をつけましょう。

18 **推理・思考（比較）**

・四角の中にある６つの形のうち、一番大きい形に○をつけましょう。

19 **推理・思考（対称図形）**

・左端のお手本のように折り紙を折り、黒いところを切り抜いてから線に沿って切って開くと、どのような形ができますか。正しいものを右から選んで○をつけましょう。

20 **推理・思考（鏡映図）**

・左端の四角がお手本です。黒い線の上に鏡を置くと、お手本はどのように映りますか。正しいものを右から選んで○をつけましょう。

21 **推理・思考（対称図形）**

・左端のお手本のように折り紙を折り、黒いところを切り抜いてから線に沿って切って開くと、どのような形ができますか。正しいものを右から選んで○をつけましょう。

22 **観察力**

・左の観覧車が回った様子が、右に描いてあります。正しいものを選んで○をつけましょう。

23 推理・思考（重ね図形）

・上の２つの形をそのまま横にずらして重ねると、どのようになりますか。正しいものを下から選んで○をつけましょう。

24 推理・思考（回転図形）

・上の段がお手本です。左の形を右に１回コトンと倒すと、矢印の右側のようになりますね。では、下の段で左の形を同じように右に１回コトンと倒すと、形の中の線はどのようになりますか。矢印の右側の形に線をかきましょう。

■ 個別テスト ┃ １グループ全員で一度に行う。

25 生活習慣

靴を脱ぎ、マットに上がってから行う。

A
机の上のトレーに、Ｙシャツ、ズボン、Ｔシャツ、風呂敷がたたまずに広げたまま置いてある。

・服をたたんで、風呂敷で包みましょう。

B
机の上のトレーに、たたまずに広げたままの給食着、１／４サイズの折り紙10枚、ガラスのおはじき約20個、ジッパーつきビニール袋（大、小）が置いてある。

・給食着をたたみ、おはじきをまとめて小さいビニール袋に入れ、折り紙を大きいビニール袋に入れて、トレーの中に片づけましょう。

C
机の上のトレーに、数本ずつのスプーン、フォーク、割りばし、ウェットティッシュ、ノート、消しゴム、縄跳び、ゴムボール（小）２個、ジッパーつきビニール袋２枚、巾着袋がバラバラに置いてある。

・ごはんを食べるときに使うものをまとめてビニール袋に入れ、ごはんを食べた後で遊ぶときに使うものをまとめてもう１枚のビニール袋に入れたら、どちらも巾着袋に入れてひもを締め、チョウ結びをしましょう。残ったものはそのままにしてください。

26 巧緻性

靴を脱ぎ、マットに上がってから行う。

A

机の上のトレーに、スプーン2本、フォーク2本、割りばし4膳、1／4サイズの折り紙4枚、綴じひも4本、セロハンテープが置いてある。トレーの手前には赤い紙が置いてある。

・スプーンとフォークを1本ずつ重ねて折り紙を巻いたらセロハンテープで留め、その上から綴じひもを巻いてチョウ結びしましょう。割りばしを1つにまとめて折り紙を巻いたらセロハンテープで留め、その上から綴じひもを巻いてチョウ結びしましょう。できたら、赤い紙の上に置きましょう。

B

机の上に、サツマイモの絵が印刷された台紙、折り紙（濃い紫、薄い紫、緑）各1枚、つぼのり、ウェットティッシュが置いてある。

・大きいサツマイモは濃い紫、小さいサツマイモは薄い紫、葉っぱは緑の折り紙をちぎって、台紙にのりで貼っていきましょう。折り紙は少しもんで、くしゃくしゃにしてからちぎるとよいですよ。

C

机の上のトレーに、箱入りティッシュペーパー、キッチンペーパー5枚、麻ひも5本、フェルトペンが置いてある。

・ティッシュペーパー2枚を丸めてキッチンペーパーで包んだら、丸くふくらんでいるところのすぐ下を麻ひもで巻いてチョウ結びにし、てるてる坊主を作りましょう。できたら、フェルトペンで顔を描きましょう。同じようにして、できるだけたくさん作りましょう。

D

机の上のトレーに、1／4サイズの折り紙2枚、軽く結んでまとめられた毛糸2色、リボン、ビニール袋2枚が置いてある。

・折り紙を縦に2回半分に折り、毛糸を巻きましょう。2つともできたら1つずつビニール袋に入れ、リボンで2枚のビニール袋の口を束ねてチョウ結びしましょう。

E

机の上のトレーに、折り紙2枚、割りばし（割ったもの）2本、つぼのり、セロハンテープ、ウェットティッシュが置いてある。

・折り紙を縦に3回半分に折って折り目をつけたら開き、折り目を使って代わりばんこに山折りと谷折りを繰り返し、蛇腹折りにしましょう。2枚ともできたら、それぞれ半分に折って内側同士をのりで貼り合わせ、その後2枚の端同士も貼り合わせて1つにつなげます。できた蛇腹折りの両端に割りばしを1本ずつセロハンテープで貼り、蛇腹を開いて割りばしを合わせ、扇子の持ち手にしましょう。

🏔 絵画（条件画）

クレヨン12色、画用紙が用意されている。考査日時によって課題は異なる。

- （モニターに風鈴とほうきが映る）今見たものと、自分が出てくる絵を描きましょう。
- （モニターに雪と手袋が映る）今見たものと、自分が出てくる絵を描きましょう。
- （モニターに木と花火が映る）今見たものと、自分が出てくる絵を描きましょう。
- （モニターにサクラとチョウチョが映る）今見たものと、自分が出てくる絵を描きましょう。
- （モニターにタイヤと雪が映る）今見たものと、自分が出てくる絵を描きましょう
- （モニターにクリと月が映る）今見たものと、自分が出てくる絵を描きましょう。
- （モニターにツクシとおにぎりが映る）今見たものと、自分が出てくる絵を描きましょう。
- （モニターにスイカと虹が映る）今見たものと、自分が出てくる絵を描きましょう。

言　語

絵画の途中で、「何を描いていますか」などの質問に答える。

集団テスト

考査日時によって課題は異なる。

行動観察

2種類のごっこ遊びが提示され、どちらにするかグループで相談して決める。道具がある場合は、グループの人数分より少なく用意されている。前・後半で時間が区切られ、後半では前半と違う方の遊びをしてもよい。

- お祭りごっことして、スーパーボールすくいか輪投げを行う。スーパーボールすくいではしゃもじ、フライ返し、スプーンなどの道具と、ボール3個が用意されている。輪投げでは床にコーン5個が置かれ、輪が用意されている。

- お祭りごっことして、キンギョ釣りかボール投げを行う。キンギョ釣りでは釣りざおと、模擬のキンギョやイカ、カニ、タツノオトシゴなどが用意されている。ボール投げではフープ5本とお手玉が用意されている。

- お店屋さんごっことして、八百屋さんごっこか魚屋さんごっこを行う。八百屋さんごっこでは野菜の絵カード、魚屋さんごっこでは魚の絵カードが用意されている。

- お祭りごっことして、輪投げかボウリングを行う。輪投げでは床にコーン5個が置かれ、輪が用意されている。ボウリングではピンとボールが用意されている。

・お祭りごっことして、ボウリングかボール投げを行う。ボウリングではピンとボールが用意されている。ボール投げではフープ5本とお手玉が用意されている。

・洋服屋さんごっこか幼稚園（保育園）ごっこを行う。洋服屋さんごっこでは洋服や靴、バッグなどの絵カードが用意されている。幼稚園（保育園）ごっこではぬいぐるみや積み木などの遊具が用意されている。

・お祭りごっことして、キンギョ釣りか的当てを行う。キンギョ釣りでは釣りざおと、模擬のキンギョやイカ、カニ、タツノオトシゴなどが用意されている。的当てでは的とゴムボールが用意されている。

・お店屋さんごっことして、魚屋さんごっこか肉屋さんごっこを行う。魚屋さんごっこでは魚の絵カード、肉屋さんごっこでは肉の絵カードが用意されている。

運動テスト

連続運動

全グループ共通。テスターの後について同じ動作をしながら進む。
・スキップで進む→階段3段を上って壁にタッチ→階段の2段目まで下りてからマットの上に飛び降りる→カニ歩きでスタートラインまで戻る→ボールを3回つく。

考査：第二次

親 子 面 接

本 人

・お名前、受験番号を教えてください。
・幼稚園（保育園）の名前、クラスの名前を教えてください。
・仲よしのお友達3人の名前を教えてください。
・お友達とけんかをしますか。どんなことでけんかになりますか。
・好きな遊びは何ですか。
・好きな食べ物、嫌いな食べ物とその理由を教えてください。
・お父さん、お母さんの好きなところ（すごいところ）はどんなところですか。
・お父さん、お母さんにどのようなことでほめられますか。

2023
2022
2021
2020
2019
2018
2017
2016
2015
2014

・お手伝いはしていますか。そのお手伝いをするときのコツはどんなことですか。

父　親

・志望理由をお話しください。
・本校の校是・校訓について、どのようにお考えですか。
・学校教育と家庭教育の違いについて、どのようにお考えですか。
・子育てで大切にしていること、これだけは譲れないと思っていることは何ですか。
・日ごろお子さんとかかわるときに、どのような声掛けをしていますか。それによって、何か変化や成長はありましたか。
・どのようなときにお子さんをほめますか。
・小学校では、お子さんにどのように成長してほしいですか。

母　親

・子育てで困ったことや苦労したことをお話しください。
・通学マナーについて、どのようにお考えですか。
・教育における学校と家庭の役割をどのようにお考えですか。
・お子さんの優れている点はどのようなところですか。
・お子さんに直してほしい点はどのようなところですか。
・お子さんをしかるとき、どのようなことを心掛けていますか。
・お子さんが悲しい顔をして学校から帰ってきたらどうしますか。

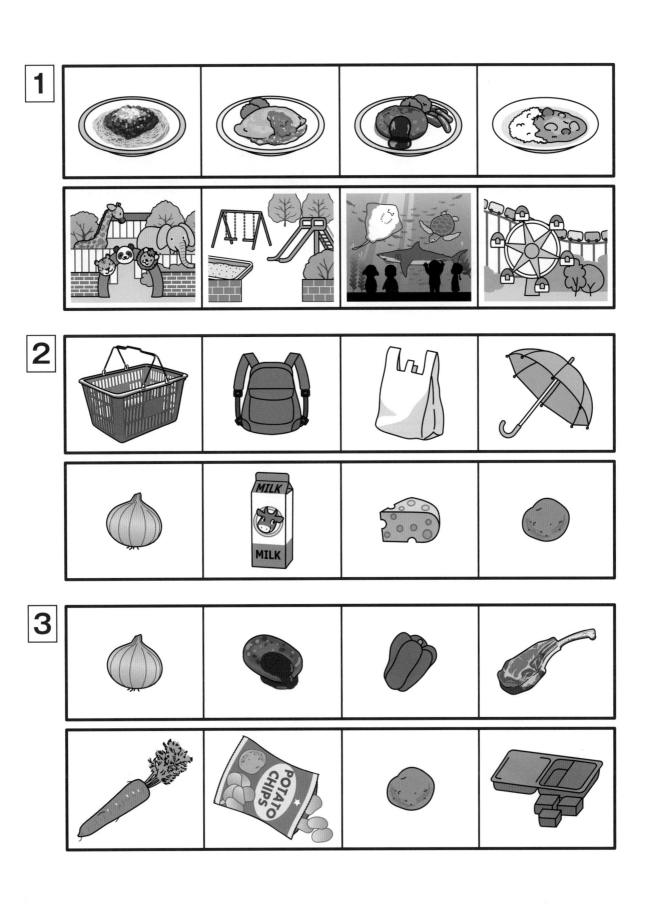

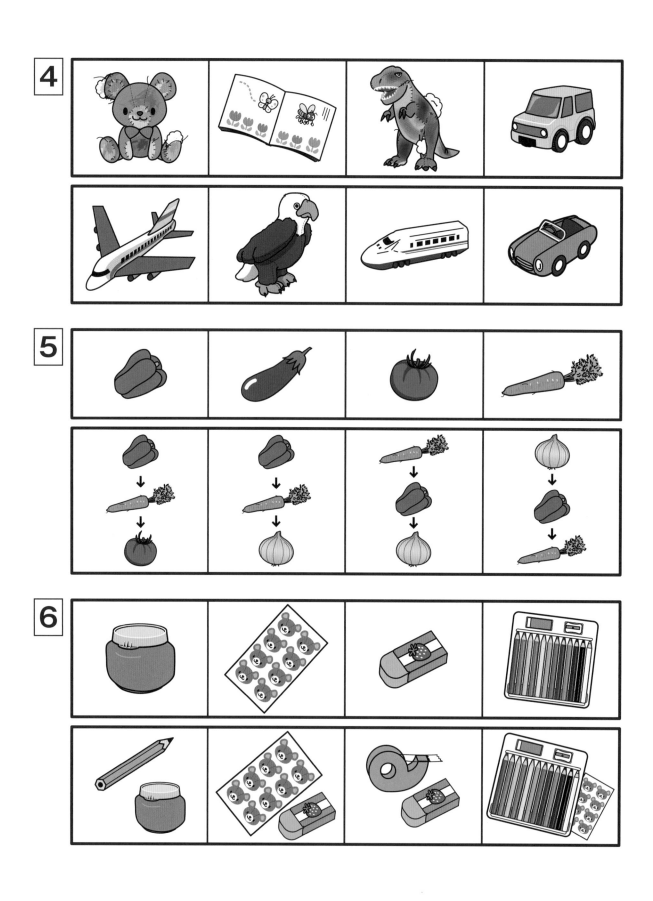

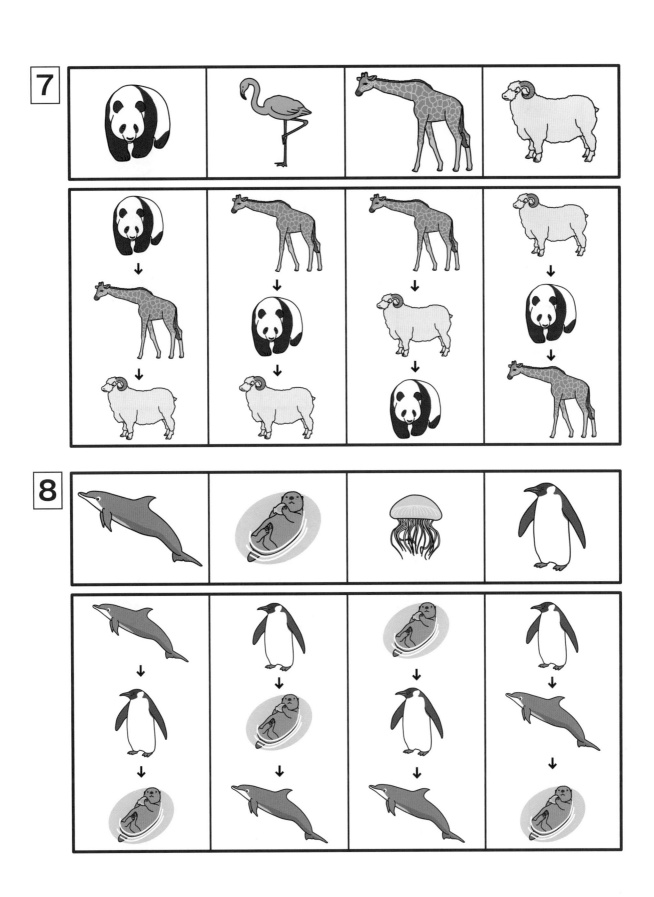

9

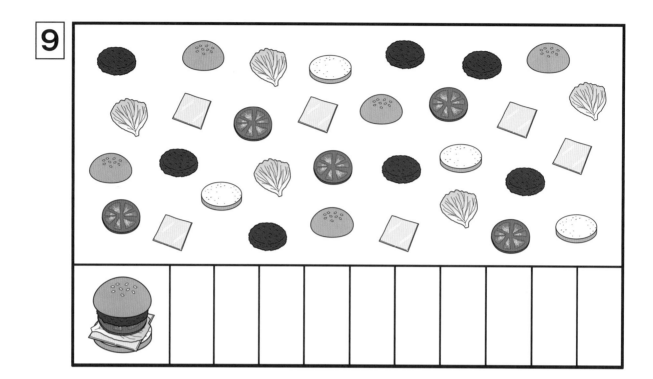

10

【お手本】

11

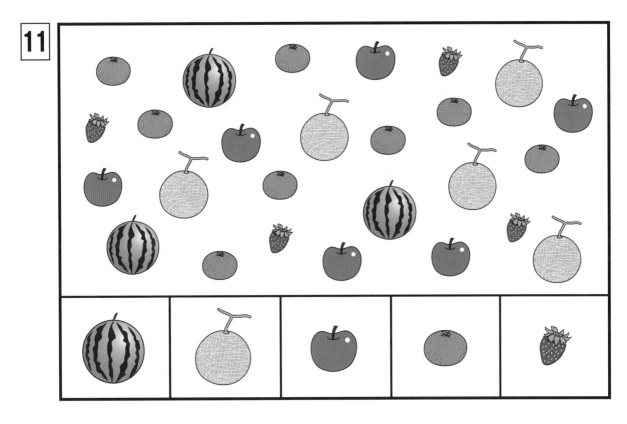

12

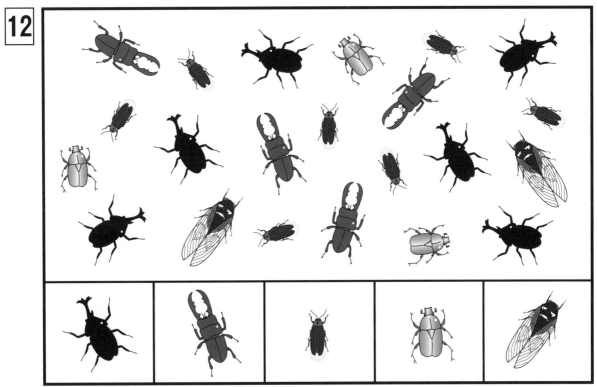

13 【お手本】

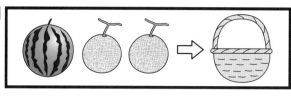

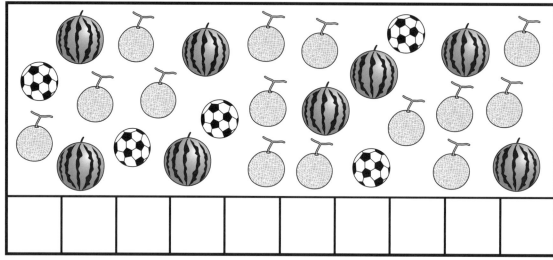

14

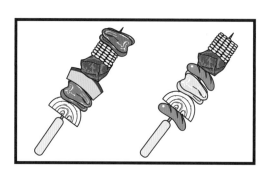

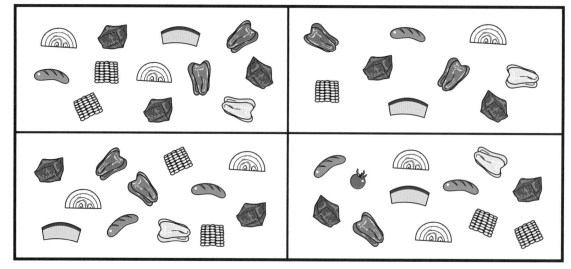

15

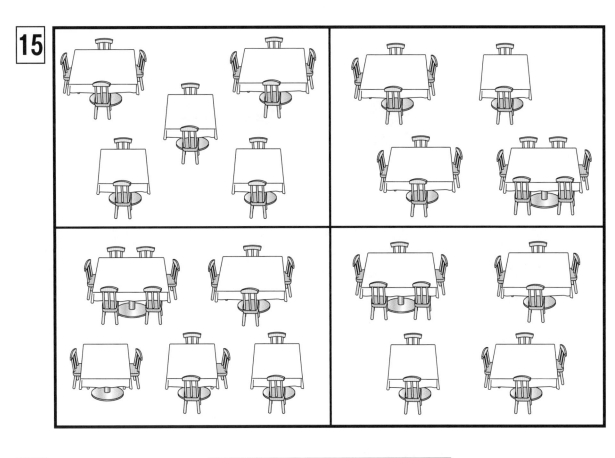

16

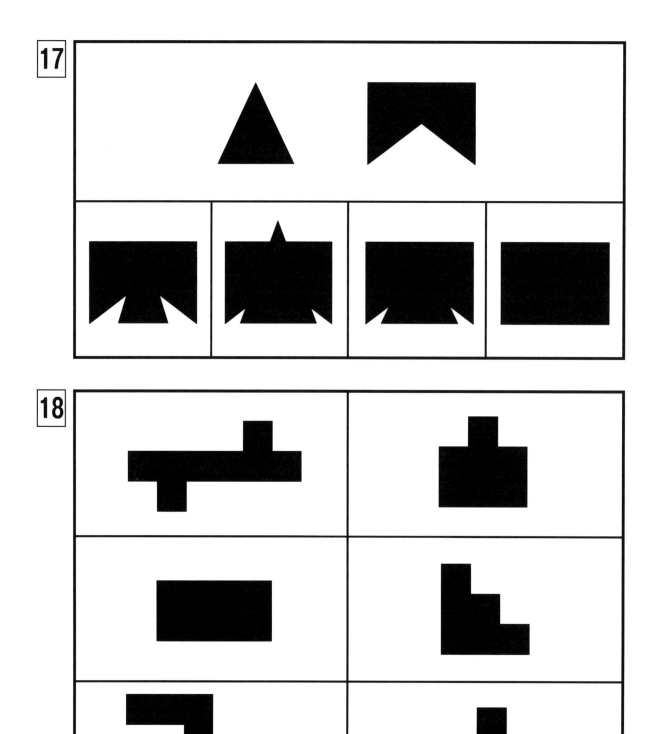

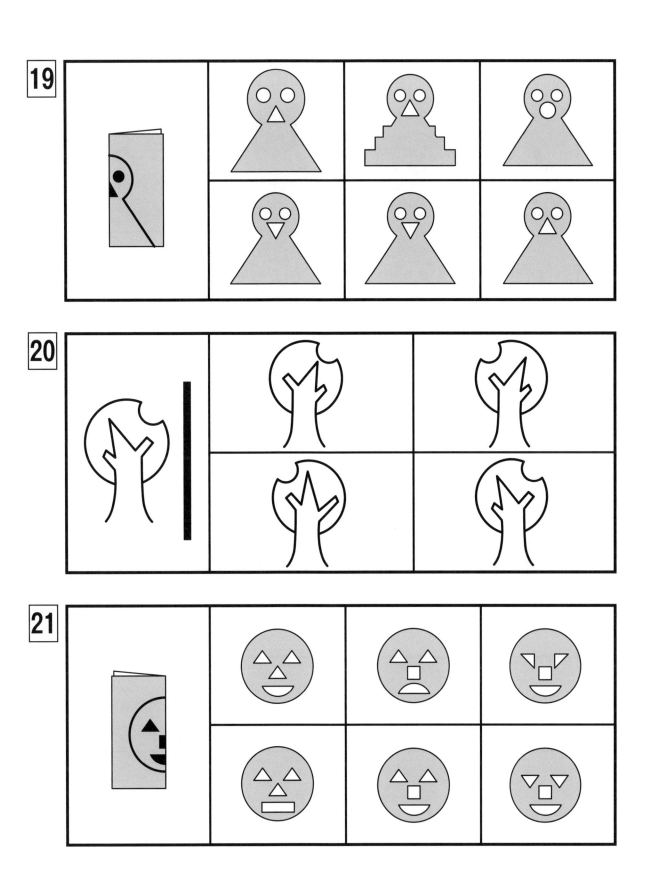

22

23

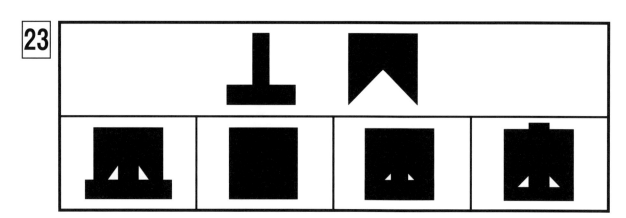

24

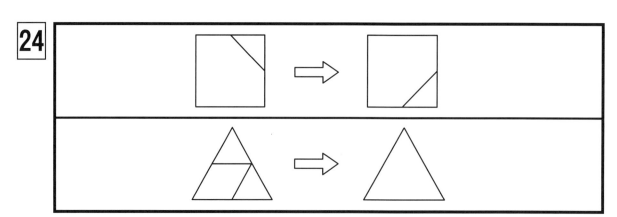

25
—

A

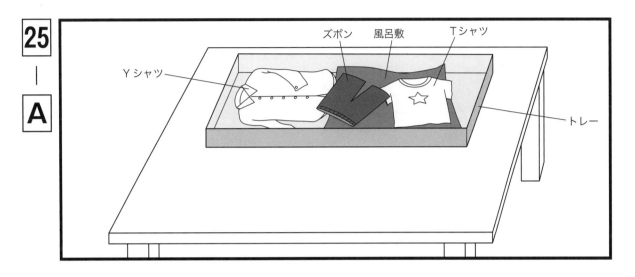

B

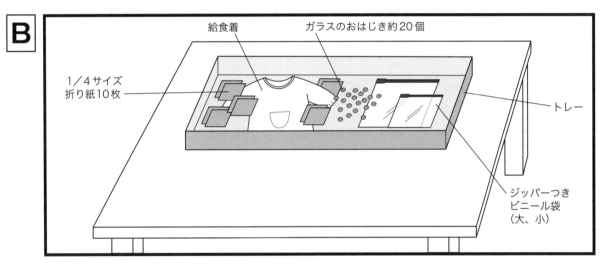

C

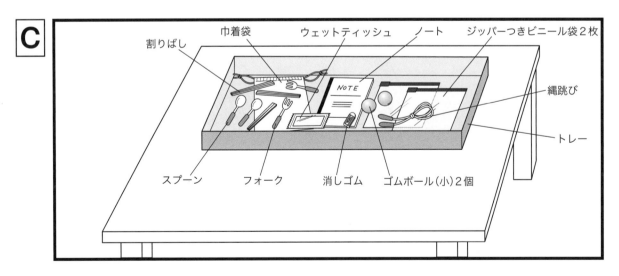

2023 2022 2021 2020 2019 2018 2017 2016 2015 2014

26 - A

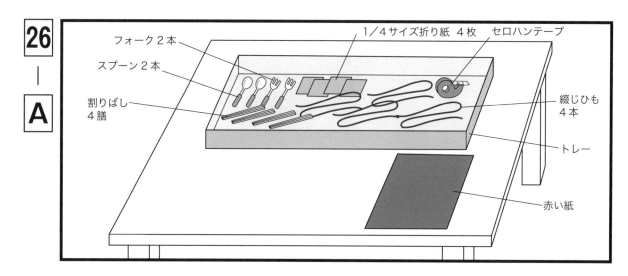

1／4サイズ折り紙 4枚　セロハンテープ
フォーク2本
スプーン2本
割りばし4膳
綴じひも4本
トレー
赤い紙

B

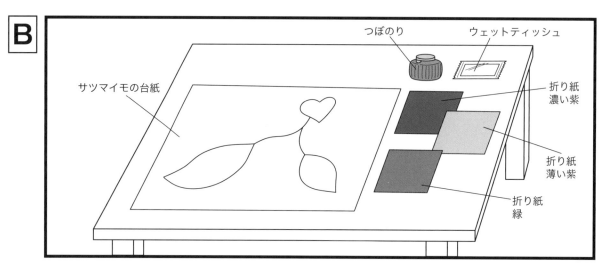

つぼのり　ウェットティッシュ
サツマイモの台紙
折り紙濃い紫
折り紙薄い紫
折り紙緑

C

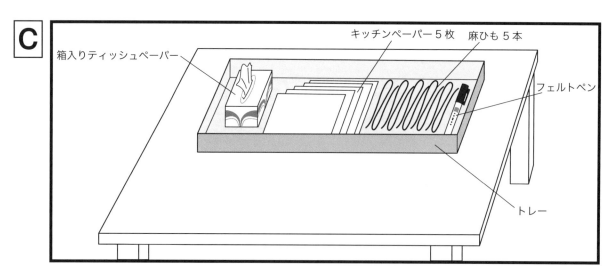

キッチンペーパー5枚　麻ひも5本
箱入りティッシュペーパー
フェルトペン
トレー

26

D

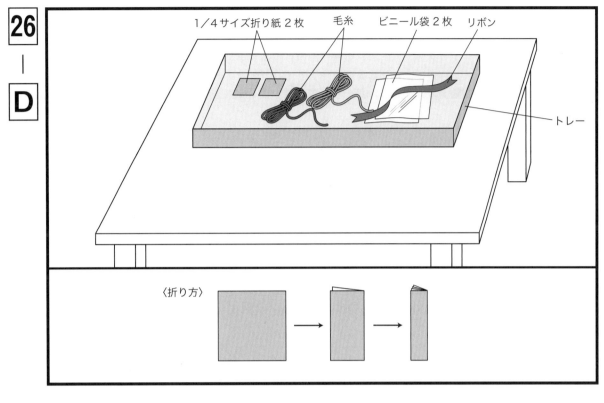

1/4サイズ折り紙 2 枚　　毛糸　　ビニール袋 2 枚　　リボン

トレー

〈折り方〉

E

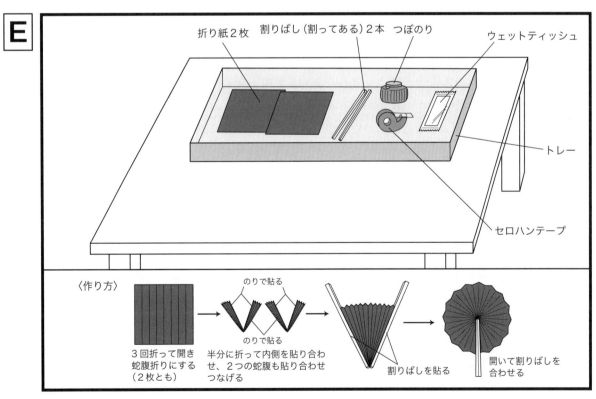

折り紙 2 枚　　割りばし（割ってある）2 本　　つぼのり　　ウェットティッシュ

トレー

セロハンテープ

〈作り方〉

のりで貼る

のりで貼る

3 回折って開き
蛇腹折りにする
（2 枚とも）

半分に折って内側を貼り合わ
せ、2 つの蛇腹も貼り合わせ
つなげる

割りばしを貼る

開いて割りばしを
合わせる

2022 早稲田実業学校初等部入試問題

■ 選抜方法

| 第一次 | 考査は1日で男子から先に実施。生年月日順（男子は年長者、女子は年少者から）で指定された日時に、受験番号順に15人グループでペーパーテスト、個別テスト、集団テスト、運動テストを行う。第一次考査で男女合わせて約200人を選出する。所要時間は約1時間。 |

| 第二次 | 第一次合格者を対象に2会場に分けて親子面接を行う。 |

考査：第一次

内容はグループによって異なる。

■ ペーパーテスト

筆記用具は赤のクーピーペンを使用し、訂正方法は // （斜め2本線）。出題方法は口頭と映像。

1 話の記憶

「たくみ君は、お父さん、お母さん、お姉さんと、お昼ごはんに何を食べに行こうかと相談していました。お姉さんが『わたしはお寿司が食べたいな』と言うと、お母さんは『お寿司もいいけど、最近涼しくなってきたから温かいものが食べたいわ』と言い、それを聞いたお父さんが『そばとうどんがおいしいお店が、駅前にあるぞ』と言いました。それを聞いたたくみ君が『温かいうどんが食べたいな』と言うと、お寿司を食べたかったお姉さんは、温かいうどんもいいなと思い直してたくみ君に譲ってくれたので、みんなで駅前のおそば屋さんに行くことにしました。おそば屋さんに入ると、店員さんがお茶を3つとお水を1つ持ってきてくれました。そして『ご注文が決まりましたら、声をかけてくださいね』と言って、メニューを渡してくれました。メニューを見ながらみんなで何を食べるか相談していると、突然オレンジジュースが運ばれてきました。注文していないオレンジジュースにたくみ君が驚いていると、お店の人が『小さなお子さまへのサービスです。よかったらどうぞ』とにっこり笑って言いました。たくみ君はそれを聞いてうれしくなり、お姉さんは『いいなあ』と言いました。お父さんはエビの天ぷらののった温かいおそば、お姉さんは冷たいおそば、たくみ君とお母さんは温かいうどんを食べました」

・お父さんが食べたものに○をつけましょう。
・店員さんが最初にテーブルに置いてくれたものに○をつけましょう。

---

2 話の記憶

「ゆうき君は、お父さん、お母さん、お姉さんと一緒に公園に行きました。中を少し散歩していると橋が見えてきて、広場に着きました。初めはお母さんとお姉さんの2人でバドミントン、お父さんとゆうき君の2人でキャッチボールをしていました。しばらくするとだんだん風が強くなってきて、バドミントンの羽根はどこかへ飛んでいってしまうし、キャッチボールも上手にボールをつかめないくらいになりました。そこでお父さんが『みんなでサッカーをしよう』と言って、4人でサッカーを始めました。お母さんとゆうき君のチームと、お父さんとお姉さんのチームで対戦です。お母さんが思い切りボールをけると、ボールは草むらに飛んでいってしまいました。『ボールを探してくるね』とゆうき君が草むらに入り草をかき分けて進んでみましたが、なかなかボールは見つかりません。あきらめずに探し続けて前に進むと、急に草むらが開けて広いところに出ました。『あった！』ボールを見つけ、拾ってふと前を見ると、そこには川の見えるきれいな景色が広がっていました。ゆうき君の後ろから『今度ここで魚釣りがしてみたいな』という声がして、ふり返るとお父さんがいました。それからお母さんとお姉さんもやって来て、みんなで一緒にその景色を眺めました。」

・ゆうき君たち家族がそれぞれ公園で初めにしたことの絵に○をつけましょう。
・ボールを探した後に、ゆうき君が見たと思う景色に○をつけましょう。

3 話の記憶

「しょうへい君は、ダンゴムシの迷路を作りました。ダンゴムシを迷路の中に入れて、迷路を進む様子を見ては『ダンゴムシ頑張れ！』と楽しそうに応援しています。すると、その様子を見ていたゆりさんがやって来て、『何をしているの？』と聞きました。『ダンゴムシの迷路を作ったから、応援しているんだ』としょうへい君は答えました。一緒に見ていたゆりさんは不思議に思って聞きました。『どうしてそのダンゴムシは、いつもゴールできるの？』『それはね、ダンゴムシはスタートして初めの突き当たりで右に曲がったとしたら、次の突き当たりでは左、その次の突き当たりでは右と、代わりばんこに左右に曲がる癖があって、それに合わせて迷路を作ったからなんだ』としょうへい君は教えてあげました。それを聞いたゆりさんは、『へえ、しょうへい君は物知りね！』と驚きました。そしてお家に帰ったら自分も作ってみようと思って、今からゆりさんは楽しみにしているようです」

・しょうへい君が作った迷路に○をつけましょう。
・自分も迷路を作ってみようと思ったゆりさんの様子に合う絵に○をつけましょう。

4 話の記憶

「たろう君は明日、お父さんとザリガニ釣りに行くので、釣りざおを作っていました。さおは竹の棒で、釣り糸にしたひもの先には餌の煮干しをつけました。たろう君は楽しみでワクワクして、その日の夜はなかなか眠れませんでした。次の日はとても暑い日でしたが、たろう君は予定通り、お父さんと一緒にザリガニ釣りに出かけました。釣り始めるとすぐに、1匹釣れました。たろう君はうれしくて、ニコニコしながらお父さんにザリガニを見せました。それから『釣ったザリガニはどうしたらいい？』と聞くと、『そこにあるプラスチックの箱に入れたらいいよ』とお父さんが答えました。そこで箱の中にザリガニを入れようとしましたが、ザリガニはたろう君の手を挟もうとしたり、しっぽをパタパタさせたりして、うまくつかむことができません。『お父さん、ザリガニはどこをつかめばいいの？』と聞くと、お父さんは笑って『ザリガニには、手を挟まれずにつかめるところが1つだけあるんだよ』とヒントをくれました。少し考えた後、たろう君はひらめきました。『わかった！』」

・たろう君が作った釣りざおに○をつけましょう。
・たろう君はザリガニをどうやってつかんだと思いますか。合う絵に○をつけましょう。

5 話の記憶

「今日はさくらちゃんの誕生日です。お母さんに『お誕生日のケーキを自分で作ってみる？』と聞かれて、さくらちゃんは『作りたい！』と元気に答えました。『ケーキの材料を、冷蔵庫から出してくれる？』とお母さんに言われて、さくらちゃんは順番に出し始めました。『イチゴと牛乳と、卵と……』と出していくうちに、手をすべらせて卵を落としてしまいました。『あっ！』と驚いているさくらちゃんに、お母さんは『だいじょうぶ？ ケーキを作るには、数が足りなくなっちゃったわね。ちょうどロウソクもなくてお買い物に行こうと思っていたの。卵も一緒に買ってくるから、心配しないでね』。そう言うと、お母さんは出かけていき、卵と一緒にロウソクを買って帰ってきました。さくらちゃんの好きなピンクの、かわいいロウソクでした。それからさくらちゃんはお母さんのお手伝いを一生懸命頑張って、ようやくケーキができあがりました。その後の夕ごはんは大好物ばかりだったので、さくらちゃんはうれしくなりました。夕ごはんの後は、お母さんと一緒に作ったケーキにロウソクを立てて、お誕生日のパーティーをしてもらいました。さくらちゃんは『自分で作ったケーキは、とてもおいしいな』と思いました」

・さくらちゃんが冷蔵庫から出さなかったものに○をつけましょう。
・お母さんが買ってきたものに○をつけましょう。

6 話の記憶

「たろう君のお家では、ピコという名前の白い子イヌを飼っています。ピコは、耳が丸くてしっぽがくるんと丸まっています。ピコの散歩に行くとき、いつもはお父さんかお母さんと一緒に近くの公園まで行くのですが、今日はたろう君が1人で行くことになりました。公園までは、近所のイヌが散歩に来る道を通って行きます。さっそく、散歩でよく一緒になるジョンに会いました。ジョンは大きな黒いイヌです。ピコとジョンは仲よしなので、いつも通りイヌ同士のあいさつをして、それから公園へ行きました。公園には白くて耳のとがったイヌのカレンがいて、ピコとカレンはうれしそうに追いかけっこをして遊びました。上手にピコを散歩させているたろう君の様子を、お父さんとお母さんがこっそりと後ろから見ていました」

・たろう君の飼っているイヌに○をつけましょう。
・たろう君が散歩で初めに会ったイヌに○をつけましょう。

7 話の記憶

「ゆうこちゃんはおしゃべりが大好きな女の子です。ゆうこちゃんのお家では毎日夕ごはんのとき、その日にあったことをみんなでお話ししています。この間はお兄ちゃんから、小学校のお話をたくさん聞きました。『小学校には、ゆうこの幼稚園にはないブランコやジャングルジムがあるし、砂場は幼稚園のよりも大きいぞ。今日はその砂場でお城を作ったんだ。それから鉄棒でもいっぱい遊んだよ』と言うので、ゆうこちゃんも早く小学校に行きたいなあと、楽しみで仕方がありません。ある日、ゆうこちゃんは幼稚園から帰ってくる途中で、お隣のおばあさんに会いました。そのおばあさんは優しくてニコニコしていて、ゆうこちゃんのお話をよく聞いてくれるのです。『わたしね、早くお兄ちゃんと同じ小学校に行きたいの』と、ゆうこちゃんはお話を始めました。『お兄ちゃんの学校にはブランコとジャングルジムがあって、それに大きな砂場や鉄棒もあるんですって！ わたし、毎日幼稚園で鉄棒の練習をしているから、鉄棒が得意なの』。すると、おばあさんは『うちの孫も、通っている小学校のことをそんなふうに言っていたわ。孫も鉄棒が好きだと言っていたから、あなたと同じね』と笑って言いました。『きっとお隣に住んでいるあの子も、お兄ちゃんと同じ学校に行っているんだわ』とゆうこちゃんは思いました」

・ゆうこちゃんの幼稚園にないものに○をつけましょう。
・ゆうこちゃんの得意なものに○をつけましょう。

8 話の記憶

「あきこちゃんとゆきこちゃんは仲よしのお友達で、一緒にバレエを習っています。もう

すぐバレエの発表会なので、2人とも一生懸命練習していました。帰りに2人で、自分の踊りを見せ合いっこしながら帰りました。ゆきこちゃんは、『こんな踊りだよ。手を横にしてから、ジャンプしてしゃがむの』と踊って見せました。あきこちゃんは、『わたしはね、手を上げてからジャンプしてしゃがむの』と踊って見せました。そしていよいよ発表会の日になりましたが、ゆきこちゃんがなかなかやって来ません。あきこちゃんが心配になって先生に聞いてみると、先生は『ゆきこちゃんはお家でバレエの練習をしていたら、手をぶつけてけがをして今日は来られなくなってしまったそうなの。あきこちゃん、ゆきこちゃんの分も踊ってくれないかしら？』と言いました。あきこちゃんは、ゆきこちゃんがけがをしたと聞いて悲しい気持ちになりましたが、『ようし、それなら2人分頑張るぞ！』と思いました」

- ゆきこちゃんの踊りの順番はどれですか。4つの段のうち、合う順番の段を選んで○をつけましょう。
- あきこちゃんは最後にどんな顔になりましたか。合うものに○をつけましょう。

9 数量・観察力

- バラバラになった靴があります。正しい組み合わせにすると、何人分の靴になりますか。靴の数とピッタリの人が描いてある四角に○をつけましょう。

10 模　写

- 左のお手本と同じになるように、右にかきましょう。

11 数量・構成

- 上の真ん中にある小さい四角がお手本です。この四角をいくつか使って、下にあるいろいろな形を作りました。お手本の四角を一番たくさん使ってできている形に○をつけましょう。

12 系列完成

- サイコロの目が、矢印の順番に決まりよく並んでいます。最後の点線の四角に入る目を、下の長四角から選んで○をつけましょう。

13 数　量

- 上の真ん中にある三角がお手本です。この三角をいくつか使って、下にあるいろいろな形を作りました。お手本の三角を一番たくさん使ってできている形に○をつけましょう。

14 構　成

・上の３つの丸がお手本です。お手本の３つの丸をちょうどピッタリ作るには、机の上にある形にどのような形を組み合わせるとよいですか。正しいものを下から選んで、それぞれ点と点を線で結びましょう。

15 数 量

・左上の丸の中に、アメが描いてありますね。そしてその横の動物たちは、顔の下にある数だけアメを持っているお約束です。では、下を見てください。それぞれの四角に描いてある動物たちが持っているアメを合わせたとき、左上の丸の中のアメと、数が同じになるのはどの四角ですか。その四角に○をつけましょう。

16 模写（対称図形）

・透き通った紙にかかれたマス目と印があります。上はお手本です。下にかいてあるマス目を太い線で矢印の向きにパタンと折ると、印はどのようになりますか。上のお手本のように、太い線の反対側にかきましょう。左も右もやりましょう。

17 系列完成

・サイコロの目が、矢印の順番に決まりよく並んでいます。最後の点線の四角に入る目を、下の長四角から選んで○をつけましょう。

18 模写（対称）

・絵の左側を真ん中の点線でパタンと折ったとき、ピッタリ重なるように右側に線をかきましょう。

19 数 量

・大きな四角の中の虫は、それぞれ何匹いますか。その数だけ、下の同じ虫の横に○をかきましょう。

20 模 写

・左の絵がお手本です。向きが変わっていますが、お手本と同じになるように右側の足りないところをかき足しましょう。

21 数量（分割）

・大きな四角にある果物を、上の小さい四角の数ずつお友達にあげていきます。できるだけ多くあげていくと、それぞれの果物はいくつ残りますか。その数だけ、下のその果物の横に○をかきましょう。

22 **推理・思考（変わり方）**

・2つの形を組み合わせたものが、ある決まりで左から順番に並んでいます。最後の点線の四角に入るものを、下から選んで○をつけましょう。

23 **数　量**

・スプーン、フォーク、ナイフが上の四角と同じ数になっている四角を、下から選んで○をつけましょう。

24 **構　成**

・上の3つの三角を組み合わせてできている形を、下から選んで○をつけましょう。

▌ **個別テスト** ▌ 1グループ全員で一度に行う。

25 **生活習慣**

靴を脱ぎ、マットに上がってから行う。

A
机の上に、大きさの違う紙7枚、クリアフォルダ、封筒が置いてある。

・一番大きいものが下になるように大きさの順番に紙を重ねて、クリアフォルダにしまいましょう。大きい紙は折ってください。しまったら、クリアフォルダを封筒に入れましょう。

B
机の上に、本2冊、ペン3本、ピンクと水色の小さい紙8枚、輪ゴム、ビニール袋、箱が置いてある。

・本をそろえ、ペンをまとめて輪ゴムで留め、小さい紙をビニール袋に入れて袋の口を結んで、箱の中に全部片づけましょう。

C
机の上に、タオル（大、小）、携帯用のシャンプーセット、鉛筆、消しゴム、ジッパーつきビニール袋（大、中、小）、はし、ノート、水筒、お弁当箱が置いてある。

・机の上のものを、勉強するときに使うもの、ごはんを食べるときに使うもの、お風呂に入るときに使うものに分けて、ビニール袋にしまいましょう。

26 **巧緻性**

靴を脱ぎ、マットに上がってから行う。

Ⓐ
机の上に、B4判の青い画用紙、B5判の白い画用紙3枚、つぼのり、ウェットティッシュ、ビニール袋が置いてある。

・青い画用紙を半分に折り、折り目をつけて開きましょう。白い紙の上だけにのりをつけて、開いた青い紙と右上の角を合わせて貼りましょう。白い紙を3枚貼り重ねたらウェットティッシュで手をふき、使ったウェットティッシュはビニール袋に入れて袋の口を結んでください。

Ⓑ
机の上に、ピンクの折り紙（大）、黄緑の折り紙（中）、青の折り紙（小）各2枚、ジッパーつきビニール袋（大1枚、小3枚）が置いてある。

・ピンクの折り紙を4つ折り、黄緑の折り紙を2つ折り、青の折り紙を斜めの2つ折りにして、それぞれ小さいビニール袋に入れましょう。入れたら、小さいビニール袋3枚とも大きなビニール袋に入れてください。

机の上に粘土が置いてある。

・粘土を丸めて、同じ大きさのおだんごをできるだけたくさん作りましょう。「やめ」と言われるまで作って、お皿に入れてください。

Ⓒ
机の上に、線などがかかれた緑の画用紙が置いてある。

・画用紙を線の通りにちぎり、ヘビを作りましょう。

Ⓓ
机の上に、約30cmの長さの赤いひも3本が置いてある。

・それぞれのひもに、結び目を作ります。間をあけて、5つより多く作りましょう（モニターで結び方を見てから行う）。

絵画（条件画）

クレヨン12色、画用紙が用意されている。考査日時によって課題は異なる。

・（モニターにダンゴムシが映る）今見たものと、傘が出てくる絵を描きましょう。
・（モニターにカエルが映る）今見たものと、帽子が出てくる絵を描きましょう。
・（モニターに鳥が映る）今見たものと、鉛筆が出てくる絵を描きましょう。
・（モニターに魚が映る）今見たものと、いすが出てくる絵を描きましょう。
・（モニターにイヌが映る）今見たものと、バケツが出てくる絵を描きましょう。
・（モニターにチョウチョが映る）今見たものと、シャベルが出てくる絵を描きましょう。
・（モニターにアリが映る）今見たものと、虫捕り網が出てくる絵を描きましょう。
・（モニターにウサギが映る）今見たものと、うちわが出てくる絵を描きましょう。

🔖 言　語

絵画の途中で、「何を描いていますか」などの質問に答える。

| 集団テスト | 考査日時によって課題は異なる。

🔖 行動観察

・床に、海の生き物（イルカ、アシカ、マンボウ、ペンギン、タコ、マグロ、サメ、クラ
ゲなど）がいる水族館の絵が描かれた模造紙が用意されている。この水族館の名前をお
友達と考え、誰がどの生き物の世話をするか、相談して決める。

・8種類の動物がいる動物園の絵が用意されている。時間がなくて4種類しか動物を見ら
れないとしたら、どの動物をどの順番で見るか、お友達と相談して決める。

・海の中と森の中、2枚の絵が壁に貼られている。お友達と相談して海と森のどちらかを
選び、そこにすむ生き物のうち誰がどの生き物になるかを決めて、各自その生き物を身
体表現する。

・いくつかのグループに分かれて、ボール運びゲームをする。グループごとにいろいろな
種類のボールや風船などが複数と、棒が4本（または2本）用意されている。2人1組
で向き合って2本の棒を持ち、ボールや風船を載せてスタートラインから運び、カゴに
入れて戻る。途中で、より早く運ぶにはどうしたらよいか相談する時間がある。

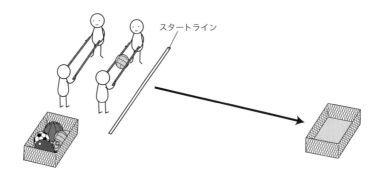

・いくつかのグループに分かれて、風船送りゲームをする。グループごとにたくさんの風
船と新聞紙が用意されている。全員で新聞紙を持って並び、新聞紙の上に風船を載せて
次の人の新聞紙の上に風船を送る。順番に送り、最後の人は風船をカゴに入れる。途中
で、よりたくさん風船を運ぶにはどうしたらよいか相談する時間がある。風船は手で押

さえてはいけない、落ちたら手で拾ってもよいというお約束がある。

風船がたくさん
入っている

新聞紙の上に風船を載せて
次の人に渡す

カゴに風船を入れる

・グループに分かれて、ピクニックごっこを行う。山や川が描いてある絵を見ながら、ピクニックに何を持っていくか、どんなことをするかお友達と相談する。決まったら、その通りにごっこ遊びをする。

・グループに分かれて、遊園地ごっこを行う。遊園地の様子が描かれた紙とアトラクションの絵カードが用意されている。遊園地の絵には絵カードを置くための枠がかいてあり、どの枠にどのアトラクションを置くかお友達と相談して決め、置いていく。その後、置いたアトラクションのごっこ遊びをする。

・グループに分かれて、お店屋さんごっこを行う。ケーキ屋さんと八百屋さんの絵があり、誰がどちらのお店屋さんごっこをするかお友達と相談して決める。決まったら、それぞれのお店屋さんのごっこ遊びをする。

運動テスト

■ ケンパー

初めにテスターがお手本を見せる。ケンで手をたたきパーで手を広げるお約束で、床にかかれた印の通りにケンパーケンパーケンケン、ケンパーケンケンケンパーなどで進む。印の並び方は考査日時により異なる。

■ 片足バランス

初めに左足で片足バランスを行い、その後右足で行う。

親 子 面 接

本 人

・お名前、幼稚園（保育園）の名前、好きな遊びを教えてください。
・家族みんなで、どんなことをしますか。
・大きくなったらやってみたいことは何ですか。どうしてそれをやってみたいのですか。
・嫌いな食べ物は何ですか。
・お友達とけんかをしますか。どのようなときにけんかになりますか。
・お友達とけんかをした後、仲直りはどうやってしますか。

父 親

・コロナウイルス対策下の生活についてお話しください。
・お子さんと自分の似ているところをお話しください。
・お子さんと接していて、驚いたことは何ですか。
・お子さんをほめたりしかったりするのは、どのようなときですか。
・子育てで大切にされていることは何ですか。
・学校に期待するのはどのようなことですか。

母 親

・コロナウイルス対策下の生活についてお話しください。
・お子さんの長所と短所をお話しください。
・お子さんには、小学生になったらどのようなところを直してほしいですか。
・電車やバスでのマナーや安全面での注意点を、お子さんにはどのように教えていますか。
・学校で子ども同士のけんかがあったら、どのように対応しますか。

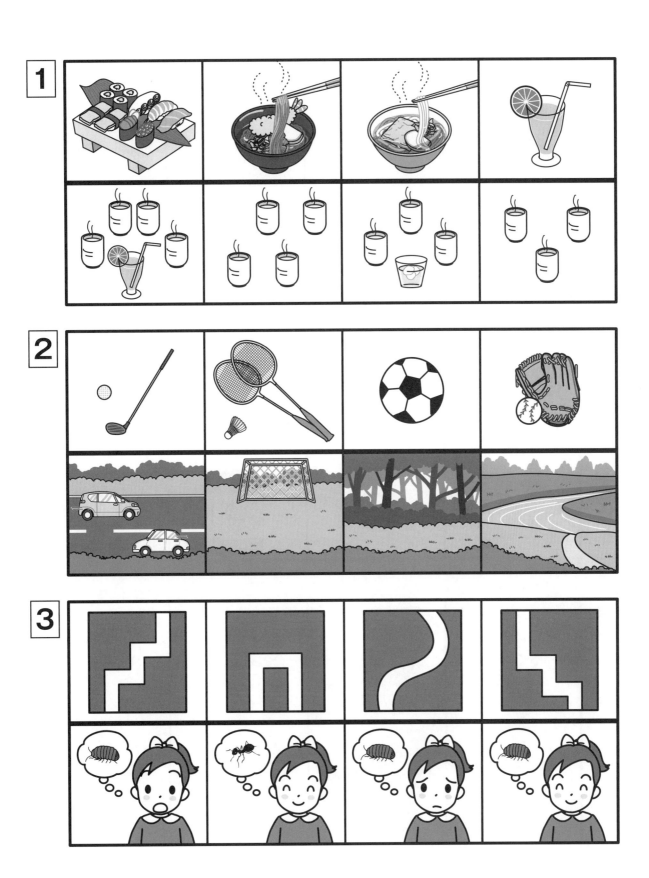

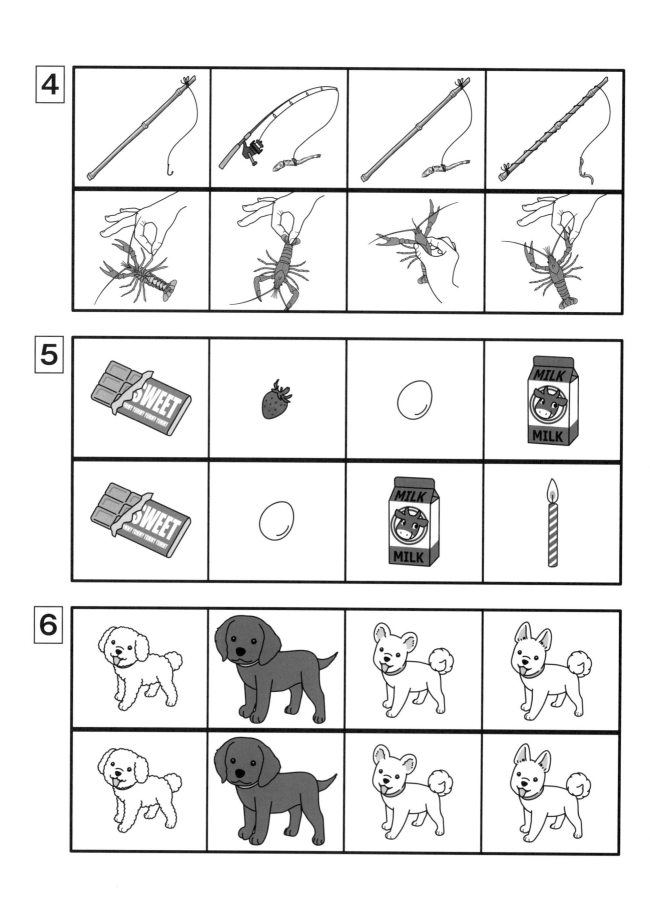

7

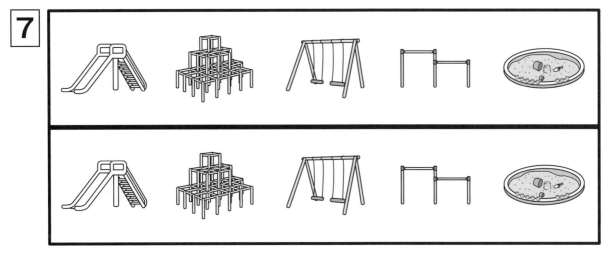

8

9

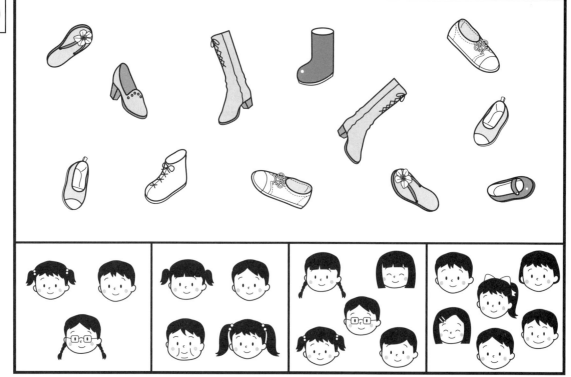

10

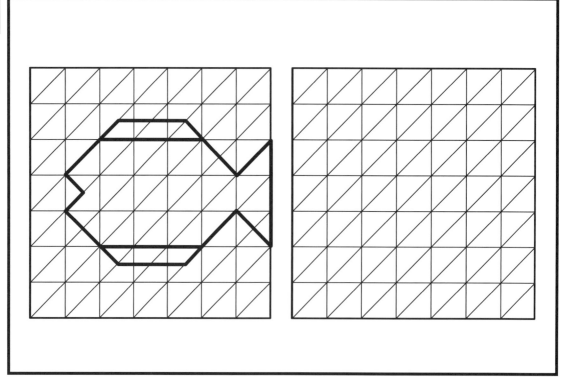

11

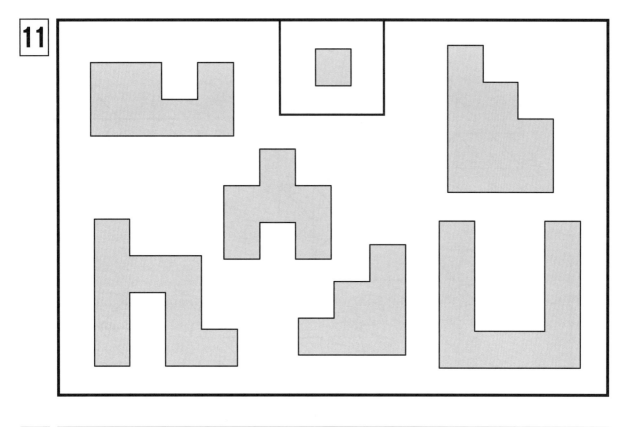

12

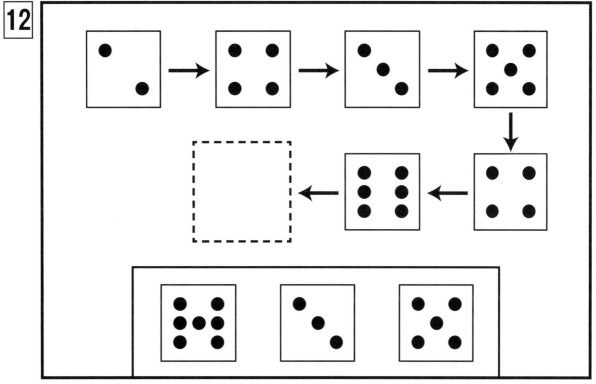

13

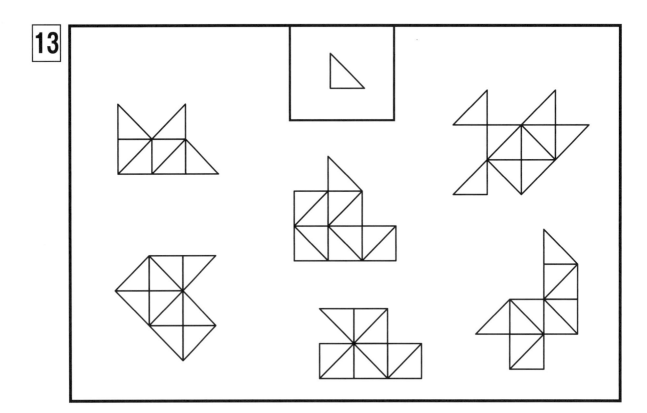

14

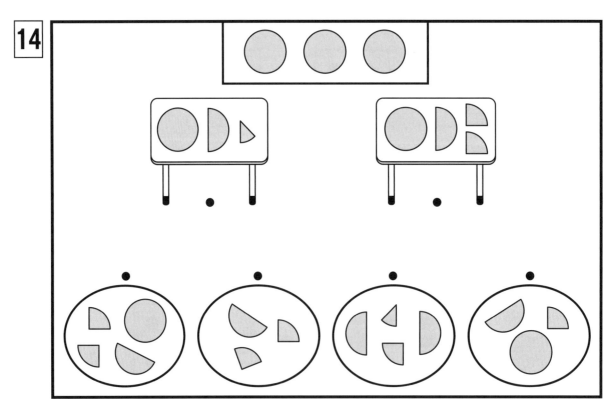

15

16

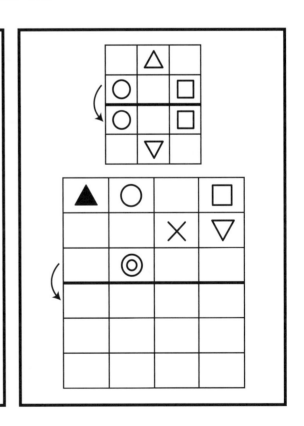

17

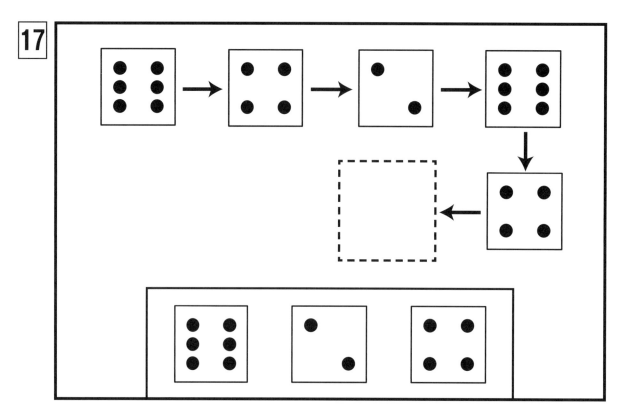

18

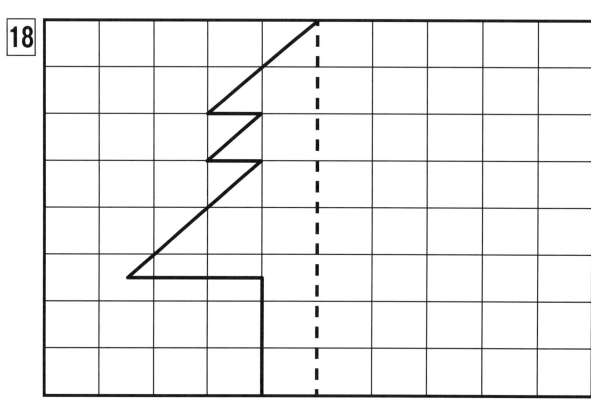

19

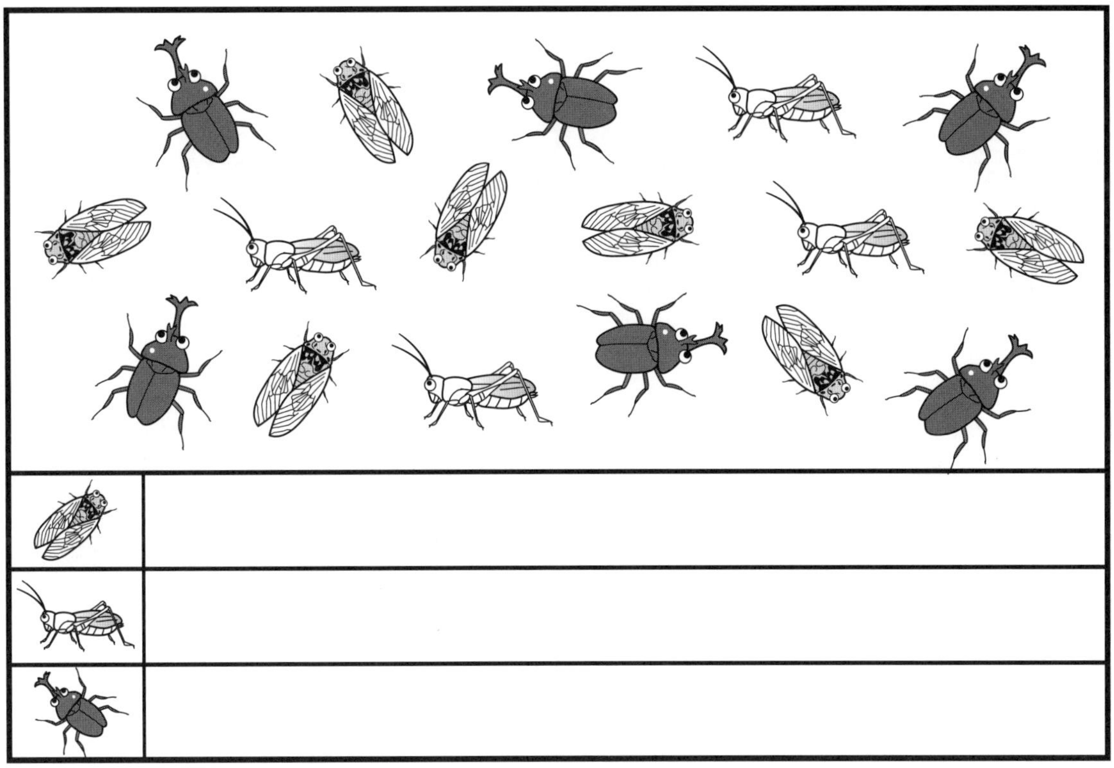

20

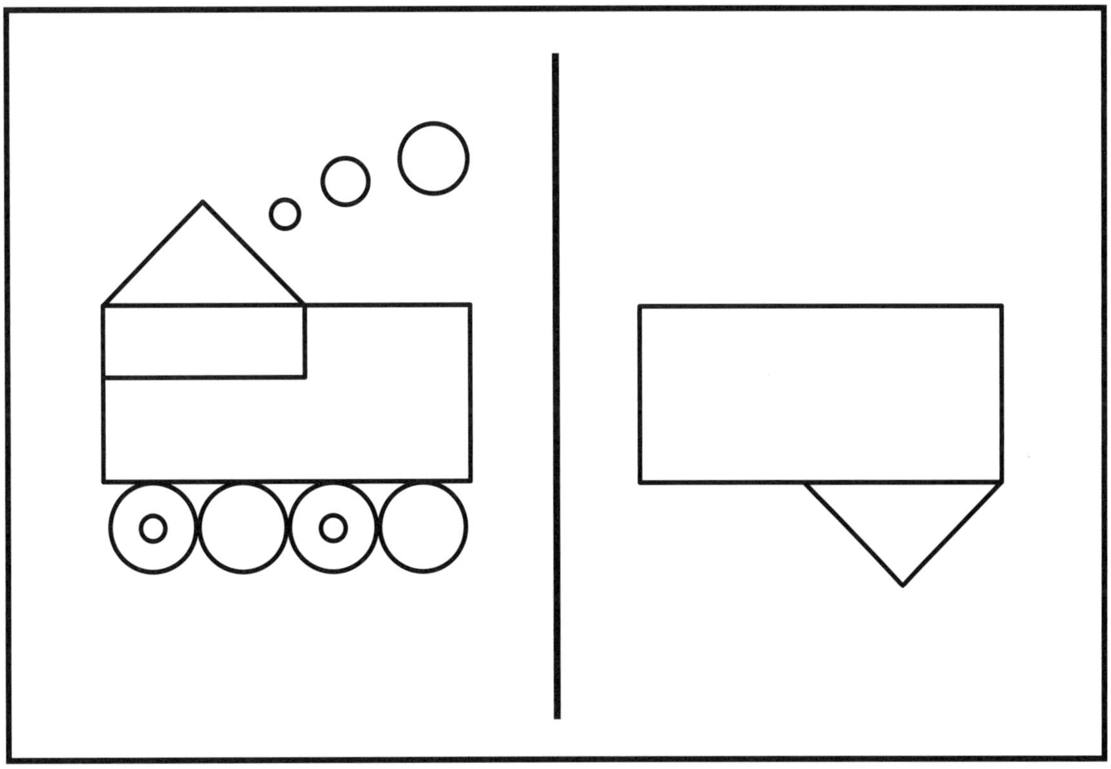

21

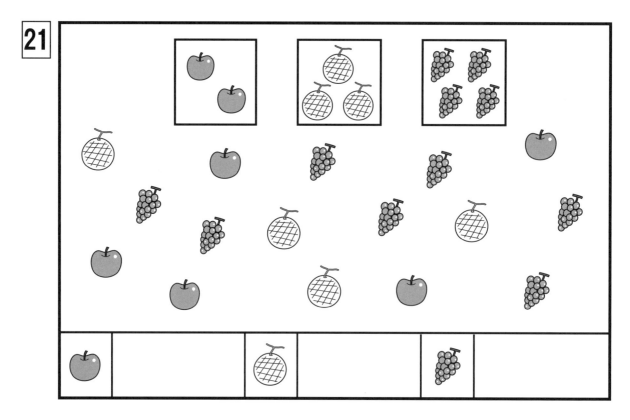

22

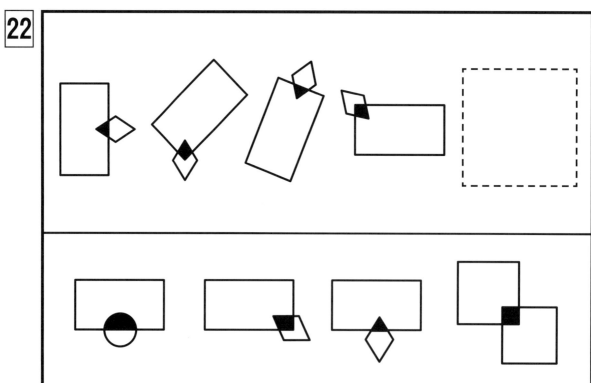

23

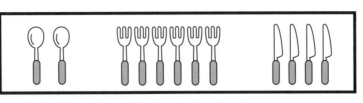

24

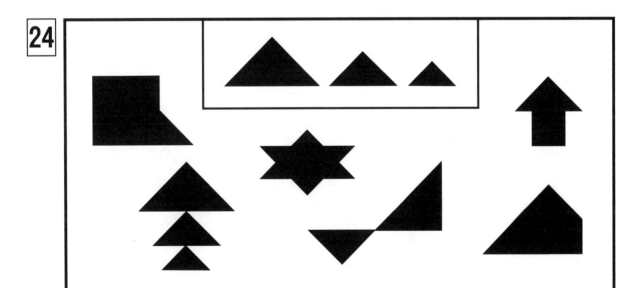

25
—
A

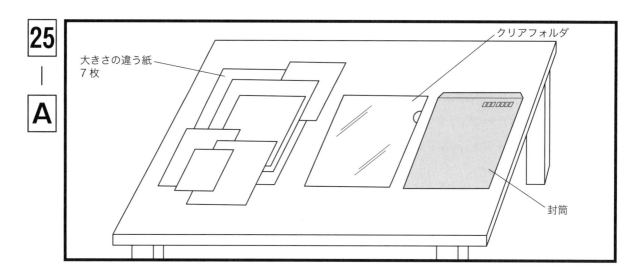

B

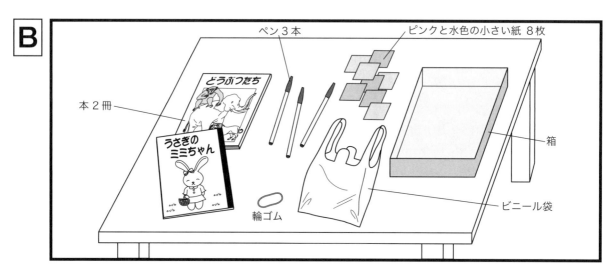

C

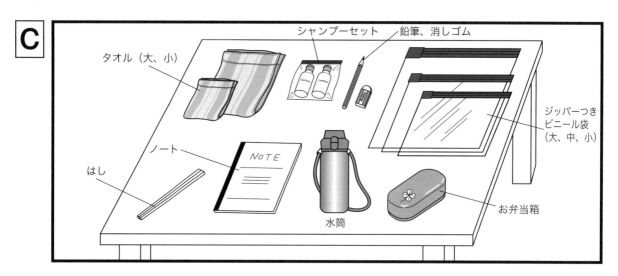

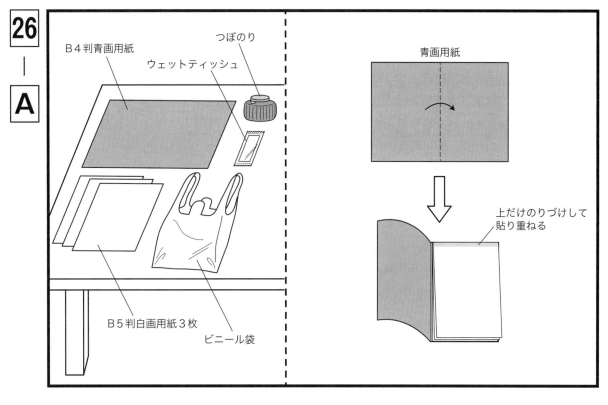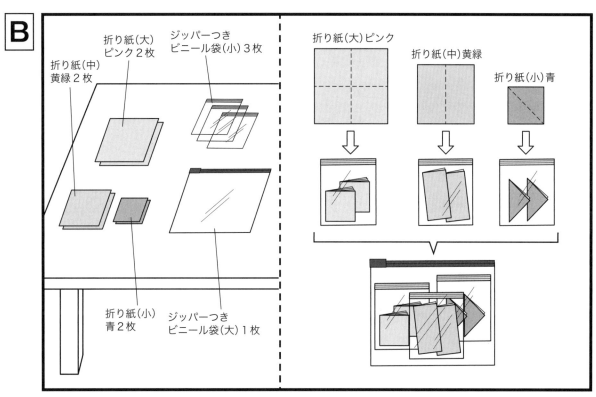

26

A

B4判青画用紙
つぼのり
ウェットティッシュ
青画用紙
上だけのりづけして
貼り重ねる
B5判白画用紙3枚
ビニール袋

B

折り紙（中）黄緑2枚
折り紙（大）ピンク2枚
ジッパーつきビニール袋（小）3枚
折り紙（大）ピンク
折り紙（中）黄緑
折り紙（小）青
折り紙（小）青2枚
ジッパーつきビニール袋（大）1枚

26 – C

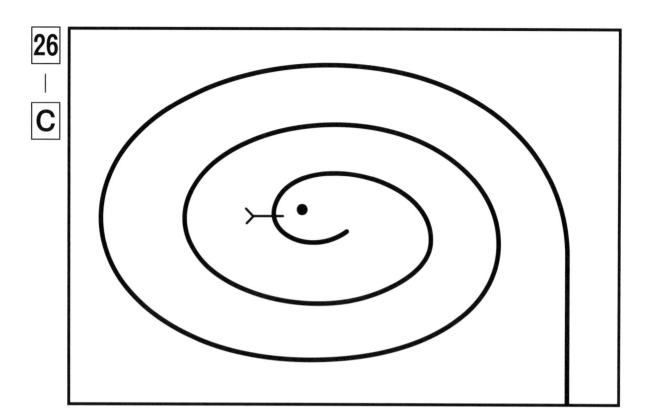

D

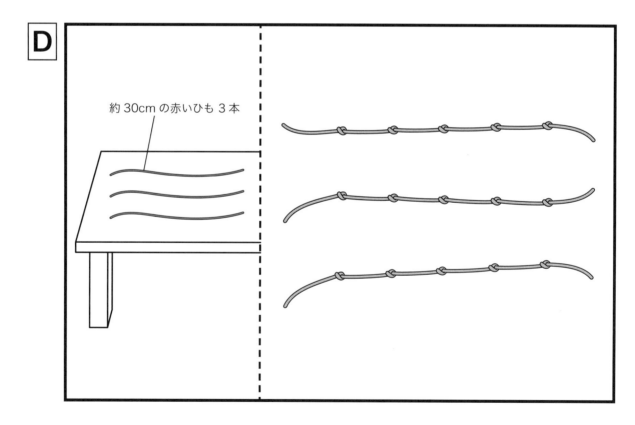

約 30cm の赤いひも 3 本

section 2021 早稲田実業学校初等部入試問題

■ 選抜方法

| 第一次 | 考査は1日で男子から先に実施。生年月日順（男子は年長者、女子は年少者から）で指定された日時に、受験番号順に10人グループでペーパーテスト、5人グループで個別テスト、集団テストを行う。第一次考査で男女合わせて約200人を選出する。所要時間は約40分。 |

| 第二次 | 第一次合格者を対象に2会場に分けて親子面接を行う。 |

考査：第一次

内容はグループによって異なる。

■ ペーパーテスト
筆記用具は赤のクーピーペンを使用し、訂正方法は //（斜め2本線）。出題方法は口頭、音声、映像。

1 話の記憶

「公園ではるなさん、こうき君、とも君の3人が、今日は何をして遊ぶかを相談をしています。こうき君が、『昨日はオニごっこをしたから、今日はだるまさんの一日をしようよ』と言いました。それを聞いたはるなさんととも君は、『それはなあに？　どんな風に遊ぶの？』と聞きました。するとこうき君が、『たとえば、だるまさんがお茶を飲んだ、とか、だるまさんが新聞を読んでいる、とオニが言ったら、オニではない人たちがお茶を飲んだり新聞を読んだりしているまねをする遊びだよ』と教えてくれました。『面白そう。やってみようよ』と2人も賛成して、だるまさんの一日をすることに決まりました。最初はこうき君がオニです。『だるまさんがあくびした』というと、2人は大きく口を開けてあくびをするまねをしました。その次に『だるまさんが踊った』とこうき君が言うと、2人はおもしろおかしく踊り、オニのこうき君はその様子を見て大笑いしました。はるなさんが『今度はわたしがオニをやるね』と言ってオニを交代し、『だるまさんが眠った』と言うと、2人の男の子は急いで寝たふりをしました。3人はとても楽しく遊びました」

・昨日、3人は何をして遊びましたか。合う絵に○をつけましょう。

・「だるまさんの一日」の遊びの中で、こうき君が言って、ほかの2人がまねをしたことは何ですか。2つ選んで○をつけましょう。

2 話の記憶

「ゆう君は、お父さん、お母さん、お姉さんと一緒に動物園に行きました。お姉さんはもっと小さいころに動物園に行ったことがありましたが、ゆう君は生まれて初めての動物園だったので、とても楽しみにしていました。動物園に着くと、初めて見る本物の動物たちにゆう君は大喜びです。もちろん、本やテレビなどで見て知っている動物もたくさんいましたが、目の前で本物を見ると迫力が違います。すると、少し先の大きな池に茶色くて大きな動物が泳いでいるのが見えました。ゆう君は指をさして、『あそこで泳いでいる動物は何？』とたずねました。お姉さんが、『あれはね、カバっていうんだよ』と教えてくれました。奥の方のカバは、ニンジンを食べています。ゆう君は、『カバってニンジンも食べるんだね』とびっくりした声で言いました。それを聞いたお父さんが、『ニンジンだけじゃなくてトウモロコシも食べるんだよ』と教えてくれました」

・初めて動物園に行った人に○をつけましょう。
・お話の中でカバがしていたこと２つに○をつけましょう。

3 話の記憶

「今度の日曜日に、はやと君は家族でお出かけをすることになりました。お友達からゾウに餌をやった話を聞いたばかりだったので、動物園に行きたいなとはやと君が考えていると、妹のみきちゃんが『クラゲが見たいから、クラゲのいる水族館に行きたい』と言いました。はやと君が『僕はトラとライオンが見たいから動物園にしようよ』と言うと、みきちゃんは『わたしは水族館でイルカのショーも見たいなあ』と言います。お父さんが『両方とも楽しそうだね。どちらにしようか、迷ってしまうね』と言うと、お母さんが『天気予報を見たら、日曜日は雨が降るかもしれないって言っていたわよ』と教えてくれました。はやと君が『じゃあ、雨が降っても大丈夫な水族館にしようよ。僕は、ウミガメも見たいと思っていたんだ』と言うと、お父さんが『はやとは、さすがお兄さんだな。妹に譲ることができてえらいよ』とほめてくれました」

・はやと君が動物園で見たいと言っていた生き物を選んで○をつけましょう。
・みきちゃんが水族館で見たいと言っていた生き物２つに○をつけましょう。

4 話の記憶

「お休みの日のお話です。ことさんのお父さんが、『今日のお昼ごはんはカレーライスにしよう』と言って、材料を用意しました。ことさんは、『わたしもお手伝いをする！』と張り切ってエプロンをつけ、ジャガイモとニンジンを洗い、タマネギの皮をむきました。ことさんが皮をむいて洗ったタマネギを渡すと、お父さんは『ありがとう』と言ってタマ

ネギを切り始めました。すると切っているお父さんの目はみるみる赤くなり、涙がにじんでいます。隣にいたことさんも、少し目が痛くなりました。『こと、今度はニンジンの皮をむけるかな？』とお父さんに言われると、ことさんは『うん、できるよ。この間お母さんに教えてもらったから』と言って、ピーラーを使いお母さんに教えてもらったように皮をむきました。『上手になったね』とお父さんはほめてくれ、ことさんがむいたニンジンを切ってくれました。『今日のカレーライスはシーフードカレーライスだよ』と言うと、お父さんは冷蔵庫からイカとエビを取り出して炒めました。お母さんがやって来て、『いいにおいがするわね』と言っています。野菜と一緒に煮込んだら、さあ、カレーライスのできあがりです。お父さんと一緒に作ったカレーライスは、とてもおいしくできました。みんなでカレーライスを食べながら、『今日のデザートはなあに？』とことさんが聞くと、お母さんは『今、冷蔵庫で冷やしているわよ。外は緑色をしていて、中身は赤くて種がいっぱい入っているものよ。一体、何でしょう？』とクイズを出しました。ことさんは、『わかった！』と元気よく答えました」

・カレーライスを食べた後、デザートとして食べようとしているものに○をつけましょう。
・カレーライスに入れたものを2つ選び、○をつけましょう。

[5] **話の記憶**

「まゆさんは、お父さんと一緒にホットケーキを作ることになりました。棚からホットケーキ用の粉を出した後、卵、それに牛乳を冷蔵庫から出して、ボウルに入れて泡だて器でよく混ぜます。卵を割るのは少し難しかったけれど、上手にできました。まゆさんは、『この後は焼くから……そうだ！　ホットプレートも用意しなくちゃ！』と自分から準備を始めました。そうとは知らないお父さんが、『まゆ、ホットプレートを準備してくれるかな？』と声をかけたので、まゆさんは『ちょうど今、準備したところよ。もう準備オッケー！』と得意げに言いました。ホットケーキの生地をおたまですくい、ホットプレートに落として焼き始めます。お母さんが『まあ、いいにおいね！』と言って、テーブルにやって来ました。『もうすぐできるから、お母さんは待っていてね』とまゆさんが言うと、お母さんは『そうそう、冷蔵庫にホットケーキがさらにおいしくなるものが入っているわよ』と言って、生クリームとブルーベリー、イチゴを冷蔵庫から出してきてくれました。さあ、ホットケーキが焼けました。ホカホカのおいしそうなホットケーキです。あら熱がとれてから、生クリームをたっぷり絞り、まゆさんはその横にイチゴを、お母さんはブルーベリーをのせました。お父さんはホットケーキにはちみつをかけて、3人でおいしく食べました」

・まゆさんが冷蔵庫から出したものに○をつけましょう。
・まゆさんとお母さんが食べたホットケーキにそれぞれ○をつけましょう。

6 話の記憶

「たけしくんと妹のりんさんが通っている幼稚園では、毎週水曜日にお弁当を持っていくことになっています。お母さんはいつも前の日の夜のうちからお弁当の準備をしてくれているので、自分たちもお手伝いができないかと2人は考えていました。『お母さん。明日のお弁当はなあに？』と2人がたずねると、『サンドイッチと、たけしが大好きな玉子焼きにしようと思っているのよ』とお母さんは答えました。たけし君は『やったー！　大好物の玉子焼きだ！』と大喜びです。『明日の朝、僕たちもお手伝いするね』と言って、2人は眠りました。次の日の朝、たけし君とりんさんは早起きをして、お母さんのお手伝いをしました。たけし君はパンにバターを塗ります。りんさんはバターを塗ったパンにレタスとトマトをのせて野菜のサンドイッチを作り、ほかにチーズとハムのサンドイッチも作りました。お母さんは『上手ね！　おいしそうにできているわね』とほめながら、ふわふわの玉子焼きを焼いてくれています。『デザートは何がいいかしら』とお母さんに聞かれたので、たけし君は『僕はリンゴがいいな』と言い、りんさんは『わたしはイチゴがいいな』と言いました。お母さんは『わかったわ』と言って、たけしくんにはウサギの形にむいたリンゴ、りんさんには3つのイチゴを入れてくれました」

・たけし君の大好物に○をつけましょう。
・たけし君とりんさんのお弁当にそれぞれ○をつけましょう。

7 話の記憶

「動物たちがスイカ割りをしようと集まって来ました。まず、ジャンケンをして順番を決めました。最初はキリン君です。目隠しをして長い棒を持つと、ぐるぐると3回その場で回ります。でも回りすぎてよろけたまま進んでしまい、『えい』と勢いよく棒を振り下ろしたところは、スイカのあるところの反対側でした。『残念！』と、動物たちからため息が聞こえてきました。次はネコさんの番です。ネコさんは『わたしは力が弱いから、アヒルさん、一緒にやってくれませんか』とお願いをして、アヒルさんと力を合わせることになりました。2匹一緒に棒を持って3回回って進み、『えい！』見事に命中しましたが、残念ながら力が弱くてスイカは割れません。3番目はサル君です。サル君はスイカが大好きなので、自分でスイカを割りたくて仕方がありません。ところがやはり力が足りなかったのか、せっかく命中したのに少しだけひびが入って終わってしまいました。『もうひびも入ったし、あとひと息だ！　イヌ君頑張ってね！』みんなに応援されたイヌ君は、慎重に慎重に進み力いっぱい棒を振り下ろし、見事にスイカを割ってくれました。『みんなの応援のおかげだよ！』とイヌ君もうれしそうです。みんなは喜んでスイカを食べました」

・スイカ割りを最初にした動物に○をつけましょう。

・お話の内容に合う絵2つに○をつけましょう。

8 話の記憶

「かおりさんは、今日の花火大会をずっと楽しみにしていました。毎年きれいな花火をたくさん見ることができるのですが、一番楽しみなのは打ち上げ花火です。打ち上げ花火には、火花でいろいろな形を夜空に描くものがあり、今年はお星様の形の花火が見たいなとかおりさんは思っていました。花火を見る河原に行くまでには、屋台のお店がたくさんありました。どこもおいしそうな食べ物を並べています。それを見て、かおりさんは『お父さん、どれもおいしそうね。おなかがすいちゃう』と言いました。すると、『焼きそばはお母さんのお土産にしてあげよう。帰りに買って帰ろうね』と言って、お父さんはわたあめを買ってくれました。河原には、もうたくさんの人が座っていました。お父さんと空いているところを探して、持ってきたレジャーシートを敷いたら、もうすぐ花火大会の始まりです。かおりさんがドキドキしながら待っていると、ドーンと大きな音がして、空いっぱいに大きな花火が上がりました。その花火は、ハートの形になりました。次に上がったのも大きな花火です。『あれは何の形かな』と言って、かおりさんが指でさしてお父さんに聞くと、『あれは、ニコニコ笑っているニコちゃんマークの花火だな！　かおりに似ているね』と言われました。かおりさんが楽しみにしていたお星様の花火はありませんでしたが、とてもきれいな花火をたくさん見ることができました。かおりさんは、『来年は、お星様の打ち上げ花火があるといいなぁ』と思いました」

・お父さんが「後で買おうね」と言っていたものに○をつけましょう。
・花火大会で見た花火2つに○をつけましょう。

9 話の記憶

「まなぶ君、かい君、まなみさんは、公園で一緒に遊ぶお約束をしていました。かい君がサッカーボールを持って公園に着くと、まなぶ君とまなみさんはもう砂場で遊んでいました。かい君は2人に近づいて、『一緒に遊ぼうよ！』と声をかけました。2人は遊んでいた砂場遊びをやめて、『いいよ！　じゃあ、みんなでかくれんぼをしようよ』とまなみさんが言いました。『ジャンケンポン！』ジャンケンをすると、まなぶ君とまなみさんが勝ち、かい君が負けたので、オニはかい君になりました。かい君が目をつぶって10数えている間、2人は大急ぎで隠れる場所を考えました。まなみさんはジャングルジムの上に登り、まなぶ君はすべり台の下に隠れました。『1、2、3、4、5、6、7、8、9、10！　もういいかい？』とかい君が言うと、『もういいよ！』と声が聞こえました。かい君はさっそく走って探しに行き、すぐにジャングルジムに乗っているまなみさんを見つけました。『まなみちゃん、見つけた！』『あーあ、見つかっちゃった』と、まなみさんは残念そうです。その後2人でまなぶ君を探しに行きました。砂場にバケツがあったので見に行きましたが、

誰もいません。シーソーの方にもいません。『すべり台の方かな？』と２人はすべり台に向かいました。そしてすべり台の階段を上ると、その下にまなぶ君がいました。『まなぶ君見つけた！』とかい君が言って、その後は３人で公園中を走り回ってへとへとになるまで遊び、仲よく帰っていきました」

- かい君が公園に持って行ったものに○をつけましょう。
- まなみさんとまなぶ君が隠れた場所２つに○をつけましょう。

10 推理・思考（重さ比べ）

- 上の段にあるお手本の天秤は、それぞれつり合っています。このお約束のとき、右側が下がる天秤を下から２つ選んで○をつけましょう。

11 観察力

- 上のお手本を見ましょう。黒いテープ１本は、灰色のテープ２本分と同じ長さで、白いテープ４本分とも同じ長さです。すぐ右の輪は、このテープを何本か組み合わせて作りました。このように、上のテープを使って作った輪を下から２つ選んで、○をつけましょう。テープは重ねてはいけません。

12 数量（対応）

- 上のお手本を見ましょう。それぞれのおでんの串は、矢印の右にある丸の数のコインで買うことができます。このお約束のとき、コイン４枚でちょうど買えるだけおでんが描いてある四角はどれですか。下から２つ選んで、○をつけましょう。

13 構　成

- 長四角を線のところで切って４つの形に分けたとき、４つすべてが同じ向きの同じ形になるもの２つに○をつけましょう。切った後の形は向きを変えてはいけません。

14 数　量

- 上の大きな四角の中に、野菜や果物があります。一番多いものの数だけ下のカゴの絵の横に、一番少ないものの数だけ下のお皿の絵の横に、それぞれ○をかきましょう。

15 観察力

- 上の子どもたちが履いている靴と同じ靴を、下から選んで○をつけましょう。

16 構　成

- 左の真四角を、８つの同じ形に切り分けます。できる形を右から２つ選んで、○をつけ

ましょう。

17 観察力

- 左の絵がお手本です。お手本のお皿に載っているものと同じ形、同じ数にするには、上の段と下の段のどの四角を組み合わせるとよいですか。上と下からそれぞれ選んで、点と点を線で結びましょう。

18 推理・思考（比較）

- マス目がかかれた四角が6つあります。星から丸まで結んだ太い線が一番短い四角2つに○をつけましょう。

個別テスト ▌ 1グループ全員で一度に行う。

19 生活習慣

Ⓐ
机の上に、A4判のクリアフォルダ、仕切りのあるトレー、カゴが用意されている。カゴの中には、3種類の大きさの画用紙、ボールペン、鉛筆、付箋、輪ゴム、クリップ、ジッパーつきビニール袋などが入っている。

- カゴの中に入っているものを、クリアフォルダとトレーの中に全部片づけましょう。どのように片づけるかは自分で考えてください。

Ⓑ
机の上に、A4判の封筒、カゴが用意されている。カゴの中には、B5判ノート、B4判画用紙、おはじき、鉛筆、輪ゴム、ジッパーつきビニール袋などが入っている。

- カゴの中に入っているものを全部封筒の中に片づけましょう。どのように片づけるかは自分で考えてください。

Ⓒ
机の上に、おわん、お弁当のおかずを入れるカップ3個、はしとはし置きが用意されている。おわんの中には、大きい丸いビーズが4個、ねじれたマカロニが4個、大豆が6個入っている。

- おわんの中にあるものを、種類ごとに分けてカップにおはしで入れましょう。カップに触ってはいけません。

Ⓓ
机の上に、大きい瓶と小さい瓶、卓上用のほうきとちりとりが用意され、キラキラした星形の紙、丸いビーズがたくさん散らばっている。

- ほうきとちりとりを使い、星とビーズを分けてそれぞれ瓶に入れましょう。

机の上に、紙皿に載った紙粘土、空の紙皿、はしとはし置きが用意されている。

・紙粘土をおはしで切り分けながら食べるまねをして、空のお皿に移しましょう。

20 巧緻性

机の上に綿（こぶし大）とB4判の紙、セロハンテープが用意されている。

・綿を紙で包んでセロハンテープで留め、クマさんの枕を作りましょう。

ひも1本と、2種類のビーズがたくさん入ったトレーが用意されている。

・ひもにビーズを通し、両端をチョウ結びしてつなぎ、ネックレスを作りましょう。

A
組みひも、チェンリング5個が入ったトレーが用意されている。

・組みひもにチェンリングを1つずつ通して、かた結びして留めます。5つ留めたら、ひもの両端をチョウ結びしてつなぎ、ネックレスを作りましょう。

B
画用紙に赤と青の綴じひもの端がセロハンテープで貼られたものが用意されている。結び方のお手本が映像で流れる。

・画用紙に貼ってある2本の綴じひもを使って、お手本と同じように飾り結びをしましょう。

21 絵画（創造画）

クレヨン12色、画用紙が用意されている。考査日時によって課題が異なる。

A画用紙にかかれた形を使って、楽しい絵を描きましょう。

B画用紙にかかれた2本の線を使って、楽しい絵を描きしましょう。

制　作

机の上に、画用紙、ぬれたふきん、箱に入ったプレイマイス（直径約1.5cm、長さ約3cmの軟らかい工作材料のスポンジ。トウモロコシの粉を加工しており、水でぬらすと互いに接着できる）が用意されている。

・プレイマイスを使って、秘密基地のように隠れられるところを作りましょう。

・プレイマイスを使って、生き物を作りましょう。

・プレイマイスを使って、アクセサリーを作りましょう。

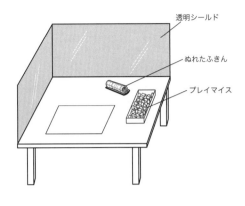

透明シールド

ぬれたふきん

プレイマイス

机の上に、白く軟らかい粘土が置いてある。粘土は余らせないように使う。

・粘土を使って、食べ物を作りましょう。

・粘土を使って、生き物を作りましょう。

机の上に、ドミノ牌のような小さな木製の積み木がたくさん用意されている。

・積み木を使って、好きな模様を作りましょう。

・積み木を使って、タワーを作りましょう。

言　語

絵画や制作の途中で、「何を描いていますか」「何を作っていますか」などの質問に答える。

集団テスト

考査日時によって課題は異なる。

行動観察

・テスターに丸がいくつかかかれたボードを見せられ、丸と同じ数の音でできた名前の生き物や食べ物は何か聞かれる。わかったら静かに手を挙げ、指名されてから答える。その後自分たちで相談して問題やルールを考え、同じような形式で行う。

・テスターが「アイウエオ」や「カキクケコ」などと音を指定し、その音のうちの一文字から始まる動物を、ジェスチャーで表現する。どの動物をどのように表現するか決めたら静かに手を挙げ、指名されたら「ア（など、表現する動物の名前の最初の一文字）で始まるものをします」と言ってから行う。ほかの人は、表現されたのは何の動物かを挙手して答える。

・「うさぎとかめ」の歌に合わせて手遊びをする。初めはテスターのまねをして行い、その後でもっと楽しい手遊びにするにはどうしたらよいのか考える。アイデアが浮かんだ

ら手を挙げて伝え、みんなで行う。

・テスターとジャンケンをする。勝ちとあいこはそのままで、負けるごとに足の立ち幅を少しずつ広げていく。誰かが床に手をついてしまうまで行う。

・1人がいすの前に立ち、やってみたいスポーツをジェスチャーで表現する。何をしているのかわかった人は手を挙げて、指名されたら答える。

・「幸せなら手をたたこう」の歌に合わせて手遊びをする。初めはテスターのまねをして行い、その後でもっと楽しい手遊びにするにはどうしたらよいのか考える。アイデアが浮かんだら手を挙げて伝え、みんなで行う。

・テスターが指示した色・動物・果物などの仲間を、手拍子2回の後リズムよく順番に言っていく（動物と指示され、手拍子2回→「クマ」→手拍子2回→「ライオン」など）。

考査：第二次

親 子 面 接

本 人

・マスクを取って、顔を見せてください。
・名前と受験番号を教えてください。
・大きくなったらやってみたいことは何ですか。
・幼稚園（保育園）では何をするのが楽しいですか。

・お友達との遊びがうまくいかないときはどうしますか。
・お父さん、お母さんの好きなところはどこですか。
・ほかの生き物になるとしたら、何になりたいですか。
・大人になったらどんなことがしたいですか。

父 親

・お子さんの長所を教えてください。
・お子さんとの生活で、心がほっこりするようなエピソードはありますか。
・お子さんに、これだけは身につけてもらいたいと思うことを1つ挙げてください。
・お子さんには、どのような小学校生活を望みますか。
・学校教育と家庭教育の違いをどのようにお考えですか。
・学校に期待することはどのようなことですか。

母 親

・お子さんに、これだけは身につけてもらいたいと思うことを1つ挙げてください。
・コロナウイルス対策における自粛期間中に、気をつけていたのはどのようなことですか。
・コロナウイルス対策における自粛期間中で、一番印象に残っているのはどのようなことですか。

1

2

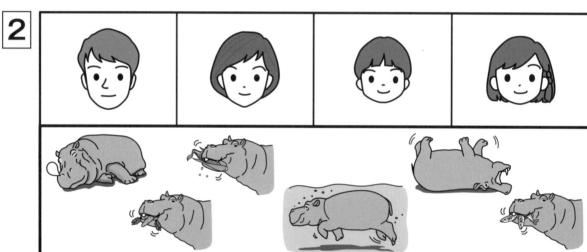

3

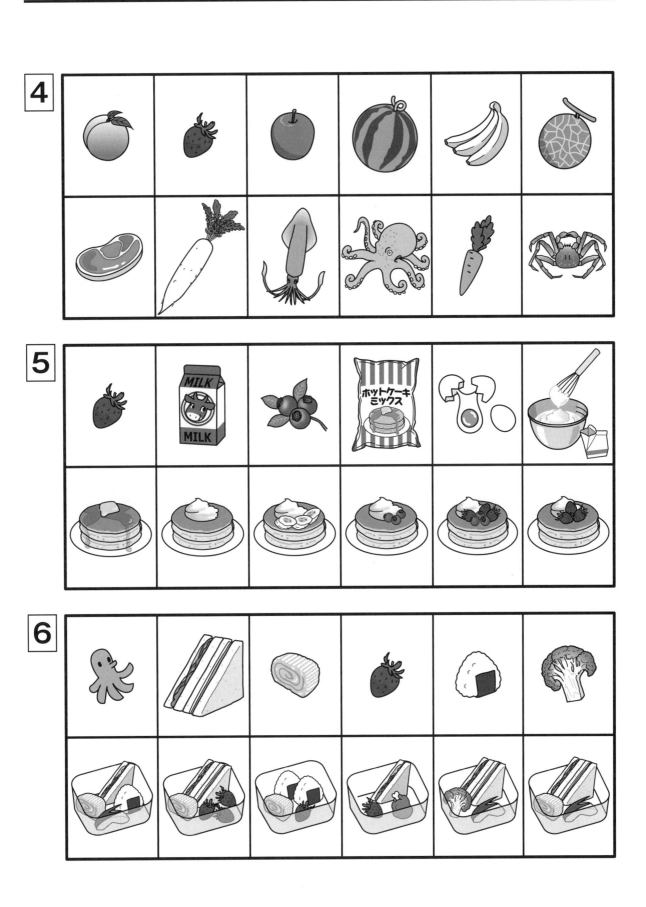

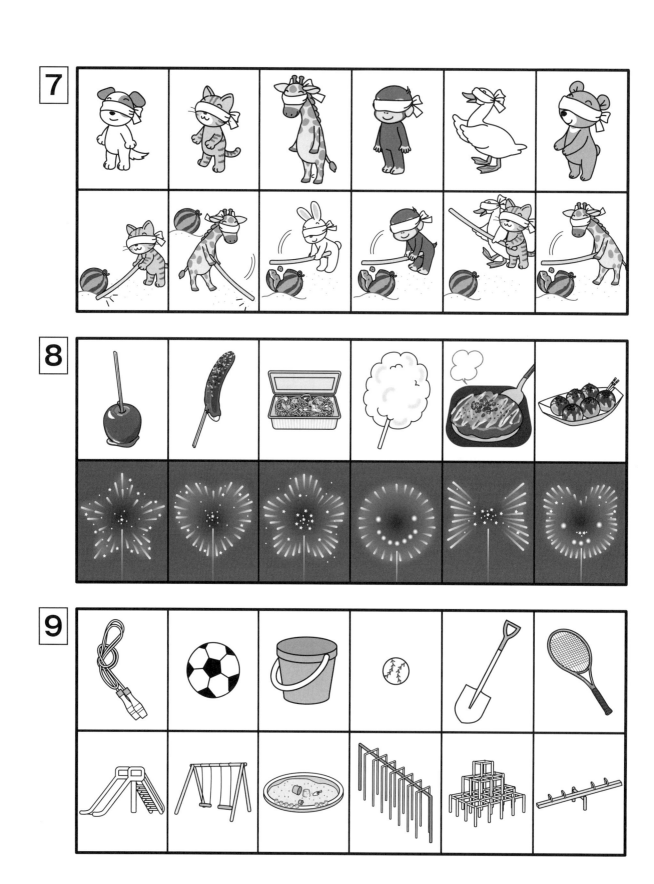

10

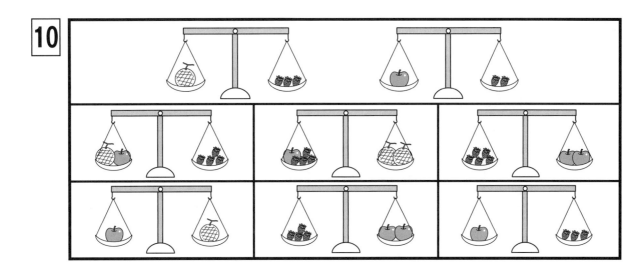

11

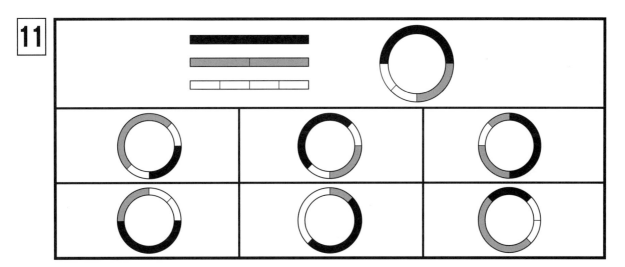

12

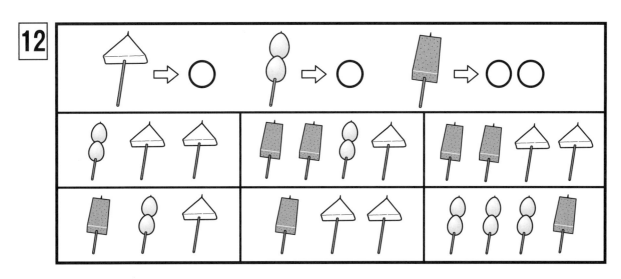

13

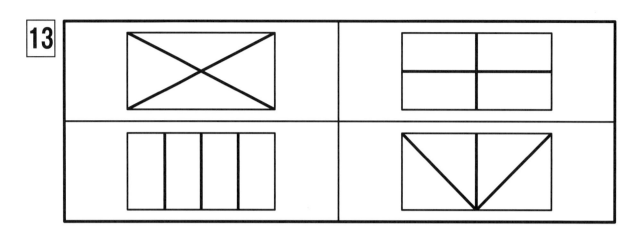

14

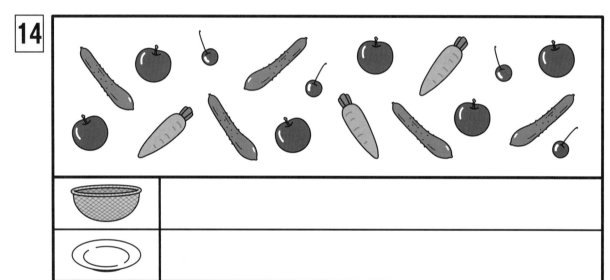

15

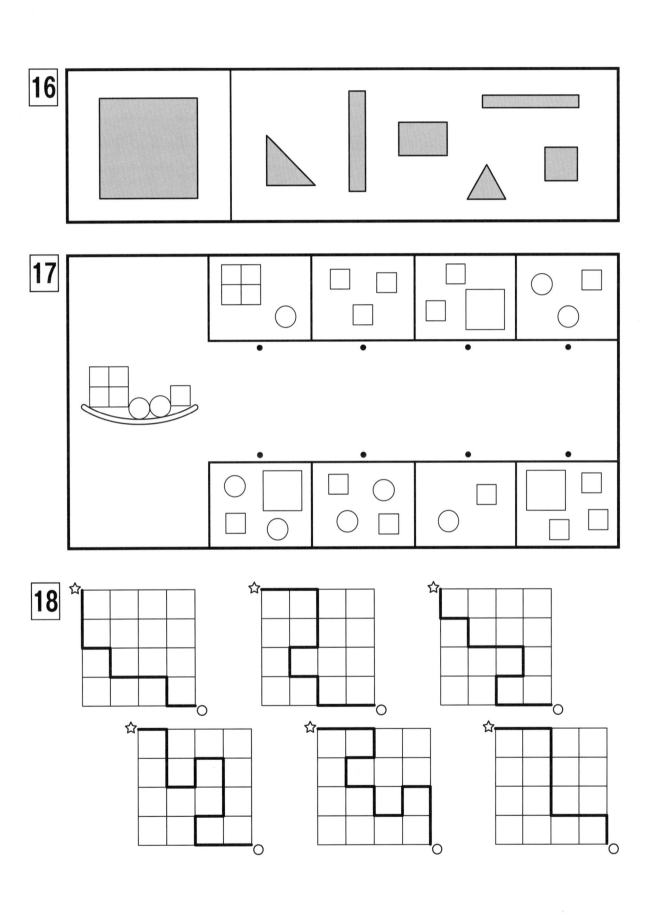

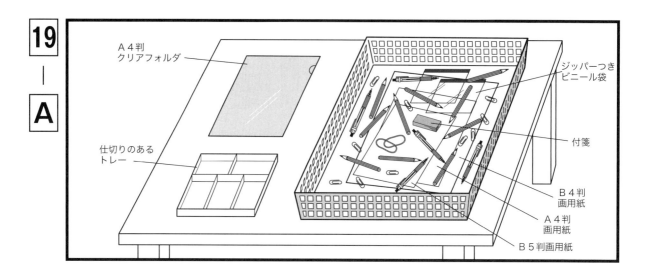

19 — A

A４判
クリアフォルダ

仕切りのある
トレー

ジッパーつき
ビニール袋

付箋

B４判
画用紙

A４判
画用紙

B５判画用紙

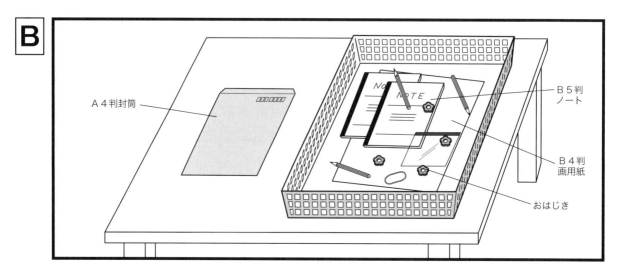

B

A４判封筒

B５判
ノート

B４判
画用紙

おはじき

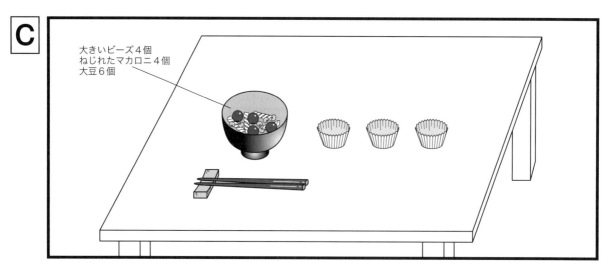

C

大きいビーズ４個
ねじれたマカロニ４個
大豆６個

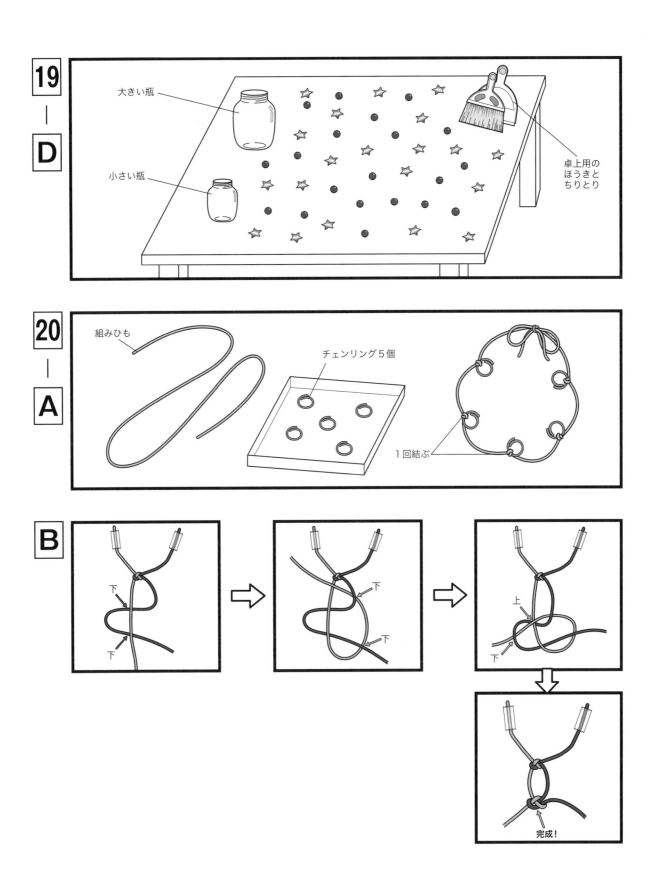

19
—
D

大きい瓶

小さい瓶

卓上用の
ほうきと
ちりとり

20
—
A

組みひも

チェンリング5個

1回結ぶ

B

下
下

下
下

上
下

完成！

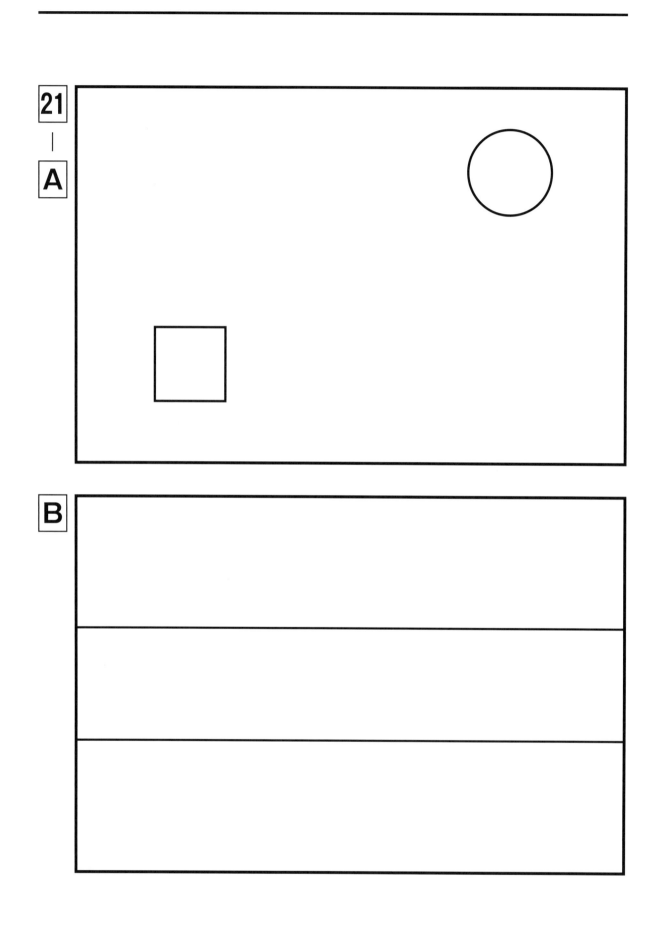

2020 早稲田実業学校初等部入試問題

■ 選抜方法

| 第一次 | 考査は1日で男子から先に実施。生年月日順（男子は年長者、女子は年少者から）で指定された日時に、受験番号順に5人グループでペーパーテスト、個別テスト、集団テスト、運動テストを行う。第一次考査で男女合わせて約200人を選出する。所要時間は約1時間30分。 |

| 第二次 | 第一次合格者を対象に2会場に分けて親子面接を行う。 |

考査：第一次

内容はグループによって異なる。

■ ペーパーテスト

筆記用具は赤のクーピーペンを使用し、訂正方法は // （斜め2本線）。出題方法は口頭。

1 話の記憶

「たいし君は昨日、お父さんと動物園に行きました。動物園では、生まれたばかりのライオンの赤ちゃんを抱っこしてきました。今日は、電車に乗って水族館に行きます。たいし君は、ジンベイザメとクラゲを見るのを楽しみにしていました。電車にはたくさんの人が乗っていました。お父さんと一緒に電車の奥の方まで進んでいって座席の前に立つと、『たいし君、こんにちは』と声がしました。声がした方を見ると、幼稚園のお友達のりかちゃんがいて、りかちゃんの右にはりかちゃんのお母さん、その右にはフードのついた上着を着たりかちゃんの弟のひろゆき君が座っています。りかちゃんのお母さんは、たいし君に『お席をどうぞ』と言って席を譲ってくれました。すると、りかちゃんが間を詰めてひろゆき君の隣に座ったので、たいし君はりかちゃんが座っていた席に『ありがとうございます』と言って座りました」

・たいし君が今日、お父さんと行った場所に○をつけましょう。
・電車で最後に真ん中の席に座った人に○をつけましょう。

2 話の記憶

「こうたろう君は、これからブタ公園に行くところです。大きなブタのすべり台があって、こうたろう君はそのすべり台が大好きです。公園に着いたこうたろう君が何回もすべり台をすべっていると、だいすけ君がバケツとシャベルを持って『一緒にお山を作ろう』と言

ってやって来ました。こうたろう君は『うん、一番大きなお山を作ろう』と言って、2人でお砂場に行きました。だいすけ君は持ってきたシャベルで砂をバケツに入れていきます。バケツが砂で一杯になると、逆さにして砂を空け、高いお山になるようにどんどん載せていきました。途中でバケツに水をくんできてお山に少しかけ、たたいて硬くしたら、また砂を載せます。これをくり返していると、なんとお山は2人の胸の高さまで高くなりました。そのうち、『こうたろう、そろそろ帰ろう』とお父さんが迎えに来ました。いつの間にか汗でびしょびしょになっていることに気づいて、汗をふくものを持ってくればよかったなとこうたろう君は思いました」

・だいすけ君が公園に持ってきたものに○をつけましょう。
・こうたろう君が公園に持ってくればよかったと思ったものに○をつけましょう。

3 話の記憶

「明日はまさと君が楽しみにしている遠足の日です。幼稚園のなみ先生やチューリップ組のお友達と一緒に動物園に行きます。今日はよく晴れた1日でしたが、天気予報では明日は曇りになりそうだと言っていました。なみ先生が、『明日は雨が降るかもしれないので、レインコートを持っていきましょう。幼稚園から駅まで歩いて、そこから電車に乗っていきます。傘は電車の中で人の迷惑になるので持ってきてはいけませんよ。それから、お弁当は持ってきてください。動物園でおいしいお茶を用意してくれるので、水筒は持ってこなくてよいですよ。おやつはお家に帰ってからにしましょうね』と言いました。ほかにも『動物園ではヤギとヒツジに餌をやることができますよ』と教えてくれて、『餌をやった後は、よく手を洗うお約束です』とも言いました。パンダやコアラにも会えるので、まさと君は今からドキドキワクワクしています。お家に帰ったまさと君は、幼稚園でなみ先生から聞いたお約束をお母さんに話しました。そして、お母さんと一緒に遠足の持ち物の準備を始めました」

・動物園に行くときに乗る乗り物に○をつけましょう。
・まさと君が遠足に持っていくもの全部に○をつけましょう。

4 話の記憶

「さとみさんは、お父さんの運転する車でお花見にやって来ました。駐車場に車を止めて広場まで歩いていると、道の両側にサクラの木が真っすぐに並んでいて、まるでお花のトンネルのようです。お姉さんとお母さんも、風に乗ってひらひらと降ってくる花びらを見て、うれしそうでした。空を見上げると、雲一つない青空です。広場はシートを広げてお弁当を食べている家族でいっぱいでした。さとみさんたちもシートの上に座って、家族みんなで一緒に作ったお弁当を食べます。お父さんの握ったおにぎりはまんまるで、『まる

でボールみたいだね』と言ってみんなで笑いました。さとみさんの作ったサンドイッチにはさとみさんの苦手なキュウリが入っていましたが、自分で一生懸命作ったせいか不思議とおいしく食べることができました。お母さんが赤い耳をしたかわいいウサギのようにむいてくれたデザートを食べようとしたときに、空に急に雲が広がってくるのが見えました。お父さんが『雨が降りそうだから、デザートはお家で食べよう』と言ってみんなで片づけをして車に乗り込むと、雨がポツポツと落ちてきました」

・お花見の日のお天気はどのように変わりましたか。合うものに○をつけましょう。
・お弁当に入っていたものに○をつけましょう。

5 話の記憶

「たつき君は、お父さんとお母さん、妹のれいちゃんと一緒にお祭りに行きました。おじいちゃんは腰が痛いのでお家でお留守番、おばあちゃんも『お家でお昼ごはんを作って待っているね』と言いました。お祭りでは1つだけゲームをしてもいいというお約束です。たつき君は輪投げをしようと決めていました。去年のお祭りで輪投げをしたときは、あと少しのところで輪が入らず残念だったので、今年こそはと意気込んでいます。れいちゃんは、もなかの皮が破れないように気をつけながらお水の中でするゲームにしようと思っています。初めにお母さんがたこ焼きを食べようと言い、みんなでたこ焼き屋さんに並びました。するとその隣に焼きそば屋さんがあって、お父さんが焼きそばも食べようと言ったので、たこ焼きを買った後で焼きそばも買いました。ベンチに座って4人で食べてから、輪投げをすることにしました。たつき君は輪を3つもらい、クマのぬいぐるみをねらって投げましたが、2つ外してしまいました。最後の1つは去年もねらったスカイツリーにしました。息を止めて『えい』と投げると、見事に輪がかかって景品をもらうことができました。次はれいちゃんがやりたいと言ったゲームをしました。れいちゃんはなんとか1匹すくうと、お店のおじさんがおまけにもう1匹袋に入れてくれました」

・3番目に行ったお店に合う絵に○をつけましょう。
・キンギョすくいをしたいと言った人に○をつけましょう。

6 話の記憶

「朝から雨が降りそうな天気でしたが、かずと君は家族みんなでキャンプに行きました。お父さんの運転する車でキャンプ場に到着すると、テントがいっぱい張ってあり、魚釣りをしている人やスイカ割りをしている人もいます。お兄さんのそうた君が『僕がテントを張るよ』と言って、張り切ってお父さんとテントを張り始めました。かずと君が『僕も手伝う』と言うと、『かずとはこのお肉を串に刺してくれるかしら』とお母さんが言いました。お肉に触るととても冷たくて、かずと君はびっくりしました。お母さんはバーベキューコ

ンロに火を起こすと、飯ごうという道具を使ってご飯を炊きます。テントができるとお父さんは『釣った魚もおいしいんだよ』と言って、近くの川に魚を釣りに行きました。そうた君は『僕が野菜を洗うね』と言って、タマネギやナス、アスパラガスそれにシイタケも洗い、串に刺していきます。串に刺したお肉と野菜を焼いていると、お父さんが釣った魚を持って帰ってきたので、それもお肉と一緒に焼きました。お母さんが飯ごうで炊いたご飯でおにぎりを作ってくれました。魚は2匹だけだったので、かずと君とそうた君が食べました。かずと君が準備した串に刺したお肉は全員食べることができましたが、おなかがいっぱいになってしまい、かずと君はナス、そうた君はタマネギを食べることができませんでした。みんなが食べている間にお日様が出て、とてもよい天気になっています。ごはんの後は、オニごっこをして遊びました」

・キャンプの日の天気の様子に合う絵に○をつけましょう。
・家族みんなが食べられたものに○をつけましょう。

7 話の記憶

「ドングリ公園で動物たちの運動会が始まっています。今からかけっこがスタートするようです。出場するのは、アヒル君、イヌさん、ネコさん、サル君、キリン君です。『ヨーイ、スタート』。一斉に駆け出すと、アヒル君が飛び出しました。イヌさんとネコさんは追いつくことができずに遅れてしまいました。サル君がアヒル君に追いつきそうになったところで、キリン君に追い抜かれてしまいました。キリン君はもう少しのところで1着にはなれず、2着でゴールしました。ネコさんは最後の力を振り絞って走ったので、最後にはならずに済みました。優勝のごほうびはたくさんのバナナだったので、みんなでいただきました。サル君は優勝はできなかったけれど、大好物のバナナを食べることができたので大喜びでした」

・1着でゴールした生き物に○をつけましょう。
・最後にゴールした生き物に○をつけましょう。

8 話の記憶

「たつき君とこうしろう君は仲よしで、いつも一緒に公園で縄跳びやすべり台で遊んでいます。今日は、たつき君のお母さんが2人をプールに連れていってくれます。たつき君とお母さんが駅で待っていると、こうしろう君もお母さんと一緒にやって来ました。こうしろう君のお母さんはお仕事に行くので、3人とは反対に向かう電車に乗っていきます。みんなで手を振って見送ってから、プールに向かう電車に乗りました。プールは4つ目の駅を降りてしばらく歩いた先にありました。すぐに水着に着替えてシャワーを浴び、準備体操をしっかりしてから、最初に小さい子ども用の浅いプールでワニのようになって遊びま

した。しばらくするとこうしろう君が『水中ジャンケンをしようよ』と言って、もう少し深いプールに行くことにしました。2人は息を止めて目を大きく開けてプールに潜り、声を出すことができないので右手を上下に動かしながらジャンケンのリズムをとります。こうしろう君はチョキを出してあいこになったので、次にもう一度チョキを出したら負けてしまいました。水から顔を出すと、お母さんが『そろそろ帰りましょう』と言いました。帰りの電車は混んでいたので、3人はずっと立っていました。駅に着くと、こうしろう君のお母さんが待っていました」

・2人がいつも一緒に遊んでいるものに○をつけましょう。
・2回目にジャンケンをしたとき、たつき君とこうしろう君が出した手はそれぞれ何でしたか。たつき君が出した手を左の四角から、こうしろう君が出した手を右の四角から選んでそれぞれに○をつけましょう。

9 観察力

・上の四角にかいてある3つの形を、全部重ねたときの様子に合うものに○をつけましょう。

10 推理・思考（比較）

・上の四角の中のお手本は、小さな黒の真四角4個でできています。このお手本と、黒いところが同じ広さのものに○をつけましょう。

11 推理・思考（鏡映図）

・上の四角を見てください。信号の右側の黒いところに鏡を置いて映すと、どのように映りますか。正しいものを下から選んで○をつけましょう。

12 推理・思考（比較）

・上の四角の中がお手本です。白い星から黒い星まで、線の上の道を進みます。上のお手本よりも進む道が長いものを、下から選んで○をつけましょう。

13 数量（進み方）

・階段の下にいるリスが、パンダのところまで進みます。左上に進み方のお約束があります。丸は2つ、三角は1つ、四角は3つの段を進みます。ただし、周りが黒いときは、それぞれ矢印の数だけ戻ります。では、リスがパンダのところにちょうど着くことができるお約束の組み合わせを、下の3つの中から選んで○をつけましょう。

14 構　成

・左上に3色の長四角がかいてあり、色ごとに四角の長さが違っています。では下を見てください。四角の中の形をそれぞれ全部1列に長くつなげたとき、上の右側にかいてある、白の長四角を2つつなげたものと同じ長さになるものはどれですか。その四角に○をつけましょう。

15 数量（対応）

・上のそれぞれの四角の中に、ウサギとサル、クマがいます。そこにサルが2匹やって来ました。全部の動物たちが、すぐ下のようにウサギ、ウサギ、サル、クマの順番で決まりよく並んでいくとき、ちょうどピッタリきれいに並ぶにはウサギがあと何匹やって来るとよいですか。その数だけ下のマス目に1つずつ○をかきましょう。

16 数　量

・上に3つのサイコロの目があります。下のクマの顔が描かれたカードのうち4枚を使って、クマの数を3つのサイコロの目を合わせた数にするには、どのカードを使うとよいですか。使う4枚のカード全部に○をつけましょう。

17 構　成

・上のお手本の形を6つ使ってできる形に○をつけましょう。向きは変えてもよいですが、重ねてはいけません。

18 推理・思考（対称図形）

・上のお手本を見ましょう。縦と横にそれぞれ点線がかいてあります。短い方の点線のところでパタンと反対側に倒すと、どのようになりますか。合うものを下から選んで○をつけましょう。

19 推理・思考（折り図形）

・上のように、表が白、裏が黒の紙テープが1本あります。このテープを2回折ってできる形を、下から選んで○をつけましょう。

20 推理・思考（折り図形）

・表が黒、裏が白の折り紙があります。折り紙の黒と黒がくっつくように折ったとき、どうしてもできないものに○をつけましょう。

21 推理・思考（重さ比べ）

・上の2つの四角のように、動物たちの乗ったゴンドラがつり合っています。では、このお約束のときの正しい絵を、下から選んで○をつけましょう。

22 推理・思考（四方図）

・上のお手本の積み木を上から見た様子で、正しいものを下から選んで○をつけましょう。

23 数 量

・サル、ブタ、パンダが、絵のようにリンゴを持っています。3匹が同時に、今持っているリンゴの半分の数を矢印の向きの動物にあげます。このお約束の通りに2回リンゴをあげたりもらったりすると、パンダが持っているリンゴはいくつになりますか。その数だけ下のマス目に1つずつ○をかきましょう。

24 構 成

・上の四角の形がお手本です。この形を作るのに使う形を下から選んで、使うもの全部に○をつけましょう。

個別テスト ▎ 1グループ全員で一度に行う。

🔳 生活習慣

ハンガーにかかっているシャツを着てそれぞれの課題に取り組み、終わったらハンガーに戻す。（すべてのグループで共通）

カゴの中に半袖シャツ2枚、長袖シャツ1枚、半ズボン1枚、靴下2足、タオル1枚が入っている。ほかに、たたんだものを入れる箱が用意されている。
・カゴの中のものをたたみ、箱に片づけましょう。入れるときは、箱の高さより高くならないように入れましょう。

机の上に本、鉛筆、消しゴム、筆箱、つぼのり、セロハンテープ、ステープラー（ホチキス）が雑然と置かれている。机の中には箱が入っている。
・机の中から箱を取り出して、机の上のものを片づけましょう。

机の上に鉛筆2本、綴じひも1本、おはじき6個、A6判の白い紙2枚がある。
・プレゼントを作りましょう。鉛筆をまとめて綴じひもでチョウ結びにしましょう。おはじきは同じ数ずつ2つに分けて、2枚の紙でそれぞれ包みましょう。

机の上に、長袖のシャツと作業服が丸まった状態で入った巾着袋が置いてある。
・巾着袋の中のものを取り出し、きれいにたたみましょう。

25 制 作

Ⓐリボンの市松模様作り

机の上に縦3本の線がかかれた色画用紙、はさみ、箱の中に水色と黄色のリボン4本ずつが用意されている。テスターが初めにお手本を作って見せる。

・画用紙を半分に折り、線のところをはさみで切りましょう。切ったら画用紙を広げて、お手本のように上から水色、黄色、水色、黄色の順番になるように互い違いにリボンを通しましょう。

Ⓑクリスマスカード作り

机の上に、左側に文字で「メリークリスマス」、右側にツリーの鉢と幹が描かれた赤の台紙（B5判）、ツリーの葉の部分が描かれた緑の台紙（B6判）、つぼのり、お手ふきが用意されている。

・緑の台紙のツリーをちぎってのりで貼り、お手本のようなクリスマスカードを作りましょう。

Ⓒバースデーカード作り

机の上に、左側に文字で「ハッピーバースデー」、右側に皿の絵が描かれたピンクの台紙、白の画用紙、色鉛筆、つぼのり、お手ふきが用意されている。

・お手本のように、台紙のお皿にピッタリ合うように白い画用紙を細長い2つの丸にちぎり、2段のケーキになるようにのりで貼りましょう。色鉛筆でロウソクを描いて、お誕生日のカードを作りましょう。

机の上に水色の画用紙（B4判）、はさみが用意されている。

・できるだけ大きな丸ができるように、画用紙を切りましょう。切り取った丸を、渦巻きになるように切りましょう。できるだけ長いひもになるようにしてください。

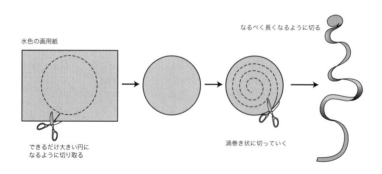

絵画（課題画）

クレヨン12色、画用紙が用意されている。考査日時によって課題は異なる。

・ドキドキ、ワクワクするときの絵を描きましょう。

・「やった、僕ってすごい」と思ったときの絵を描きましょう。

・「よいしょ、よいしょ」と言うときの絵を描きましょう。

・「かわいいな」と思うものを描きましょう。

・「ごめんなさい」と言うときの絵を描きましょう。

・大きくなったらなりたいものを描きましょう。

・「あったかいな」と思うときの絵を描きましょう。

・「気持ちいいな」と思うときの絵を描きましょう。

言 語

絵画の途中で「何を描いていますか」などの質問に答える。

集団テスト

考査日時によって課題は異なる。課題終了後に使った道具を片づける。

26 行動観察

Ａマジックテープのついたたくさんのバンダナ、ボールが１つ用意されている。バンダナをつないで、ゴールまで道を作る。みんなで作った道を協力して持ち、バンダナを傾けたりしながら、その上をボールが落ちないように転がしていく。

Ｂ新聞紙、バット、ハンガー、積み木、ラケット、傘などが用意されている。１人１つずつ左手に道具を持ち、両手を伸ばしてなるべく長くなるように友達とつながっていく。

・さまざまな形のソフトブロック、積み木が用意されている。みんなで仲よく遊ぶ（町を作りましょう、などの指示があったグループもある）。

・シリコン製の円形シート（30〜40枚くらい）がグループごとに用意されている。これを使った遊び方を相談し、仲よく遊ぶ。

・用意されているフープで自由に遊ぶ。

・グループごとにフープが１つ用意されている。グループで横一列に手をつないで並び、先頭の人から順に手をつないだまま次の人へ、フープの中をくぐりながら渡していく。

次の人に渡したら、手を離して列の最後尾につく。

・ジョイント式のウレタンマット、ボールが用意されている。マットをつないで床に道を作り、その上をボールが落ちないように転がしていく。マットの脇のところどころに立ってボールに触って転がしてよい。マットの上に立ったり、マットを動かしてはいけないというお約束がある。

・紙風船が1人に1つ用意されている。1人ずつ紙風船を上について遊んだ後、グループごとに大きい紙風船1つ、小さい紙風船2つ、うちわ1本が用意され、どのように遊ぶか相談して仲よく遊ぶ。

・グループごとにゴム風船が1つ用意されている。スタートからゴールまで、風船を順番に受け渡して運ぶ。風船を投げたりついたりするのはよいが、持ったまま歩いてはいけない。

運動テスト

◼ ジャンプ

「1、2の3」でタイミングを合わせて高くジャンプをする（1人ずつ、2、3人で手をつなぎながら、5人で手をつなぎながらなど何パターンか行う）。

◼ 指示行動

全身を使ってグーチョキパーの指示通りに動く。グーのときはしゃがんで小さくなる、チョキのときは右手を上に、左手は前に伸ばし、右足を前に、左足を後ろに伸ばす。パーのときは大の字に両手両足を広げて立つ。

◼ ケンケン

ケンケンを右足で4回、左足で4回、右足で2回、左足で2回した後、右足と左足を交互に1回ずつついたら両足でパーにする。

考査：第二次

親 子 面 接

本　人

・お名前、年齢、幼稚園（保育園）の名前、受験番号を教えてください。
・好きな食べ物、嫌いな食べ物は何ですか。
・幼稚園（保育園）ではどんな遊びをしますか。
・幼稚園（保育園）でお友達とけんかをしたらどうしますか。
・どのようなお手伝いをしていますか。
・お父さん、お母さんの好きなところを教えてください。
・自分の名前がどうしてついたか知っていますか。

父　親

・お子さんとしている大切な約束は何ですか。
・父親の役割をどのように考えていますか。
・早稲田実業学校の建学の精神のどのようなところに共感しましたか。
・お子さんが６年間でどのように成長することを期待していますか。

母　親

・お子さんが優れていると思うのはどのようなところですか。
・お子さんに嫌いな食べ物を食べさせるために、どのように工夫されていますか。
・お子さんに、お手伝いは何のためにさせていますか。
・子育てで気をつけていることは何ですか。
・緊急時のお迎えは大丈夫ですか。

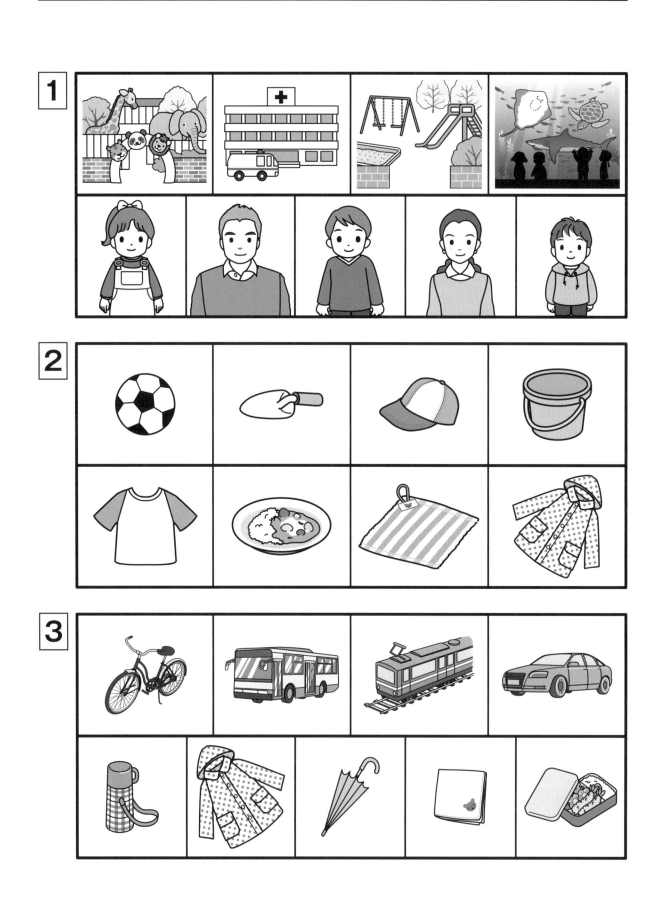

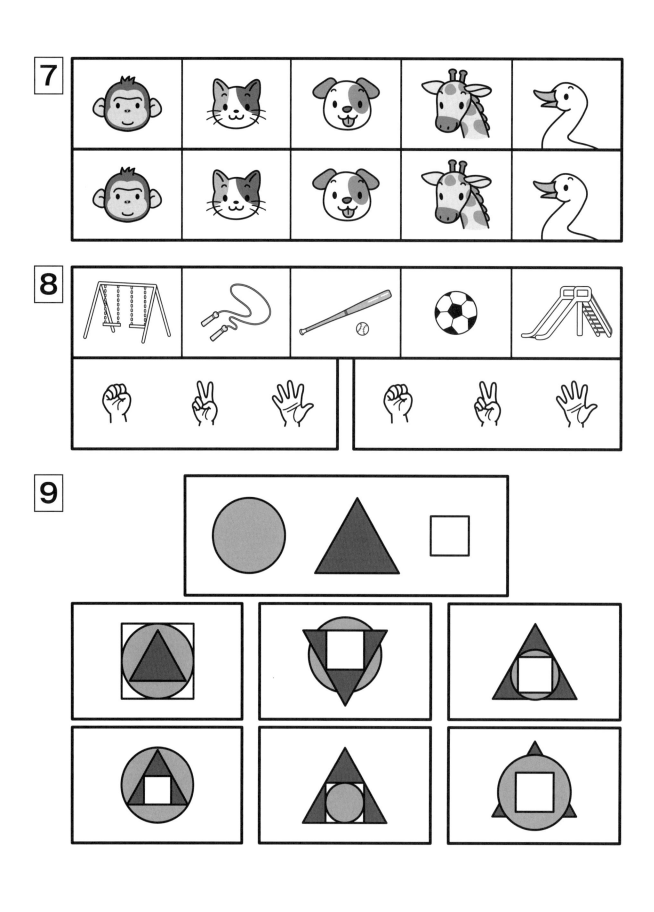

10

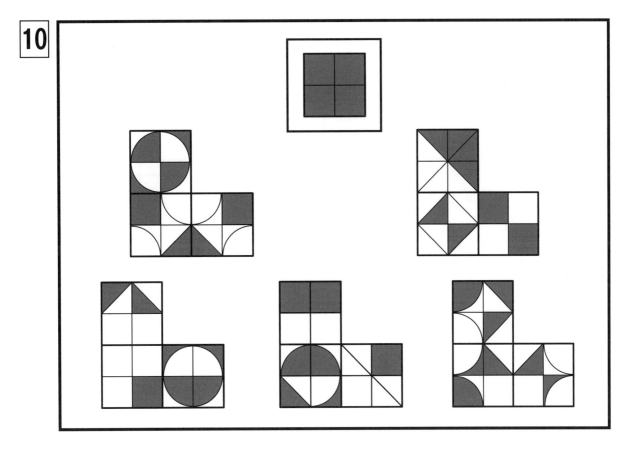

11

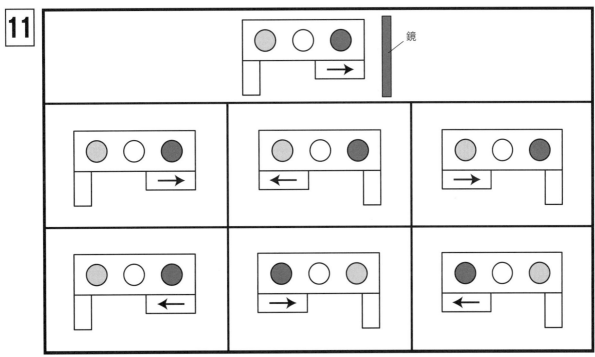

鏡

12

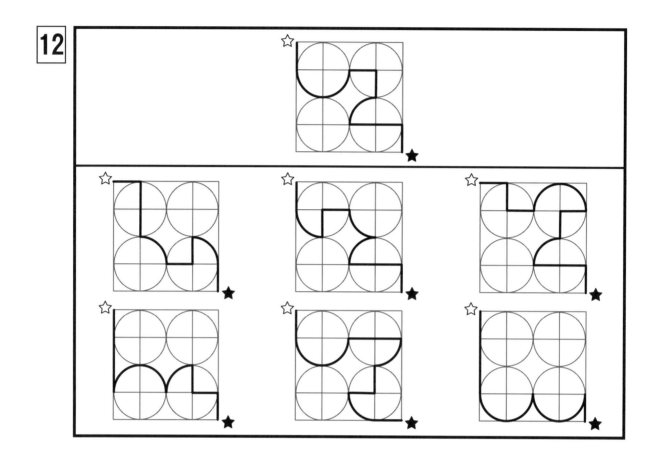

13

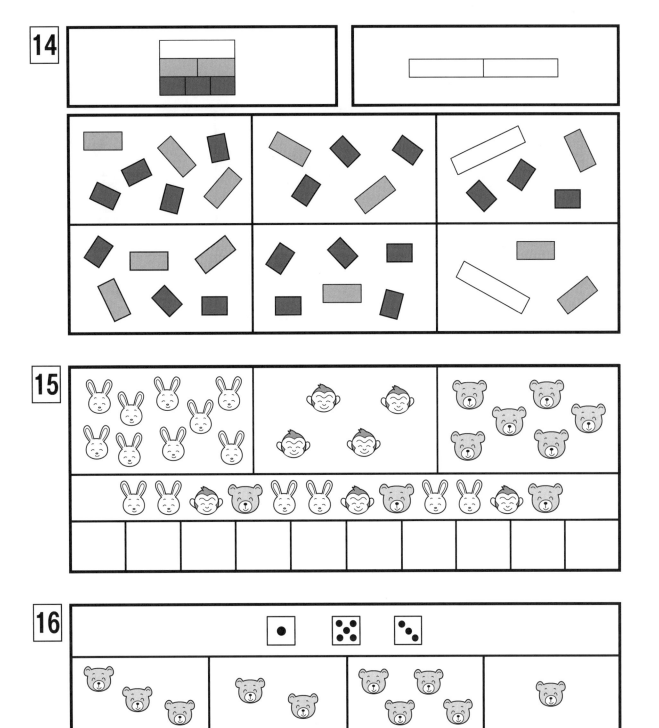

17

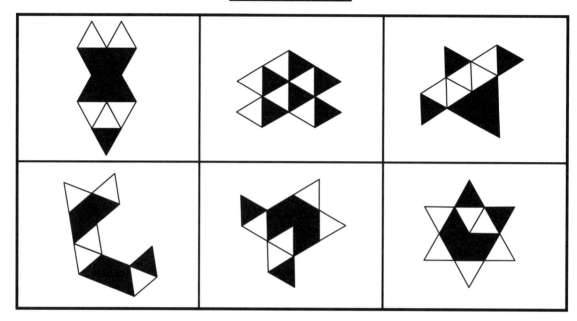

18

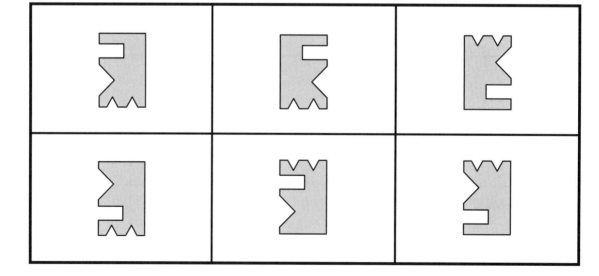

19

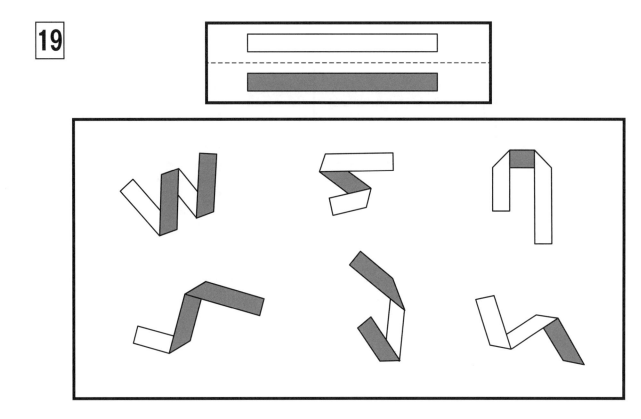

20

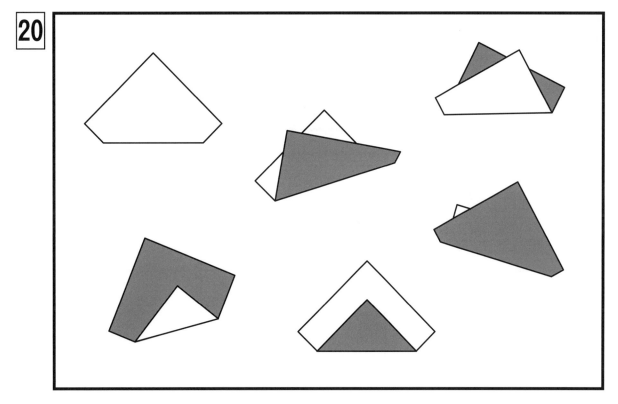

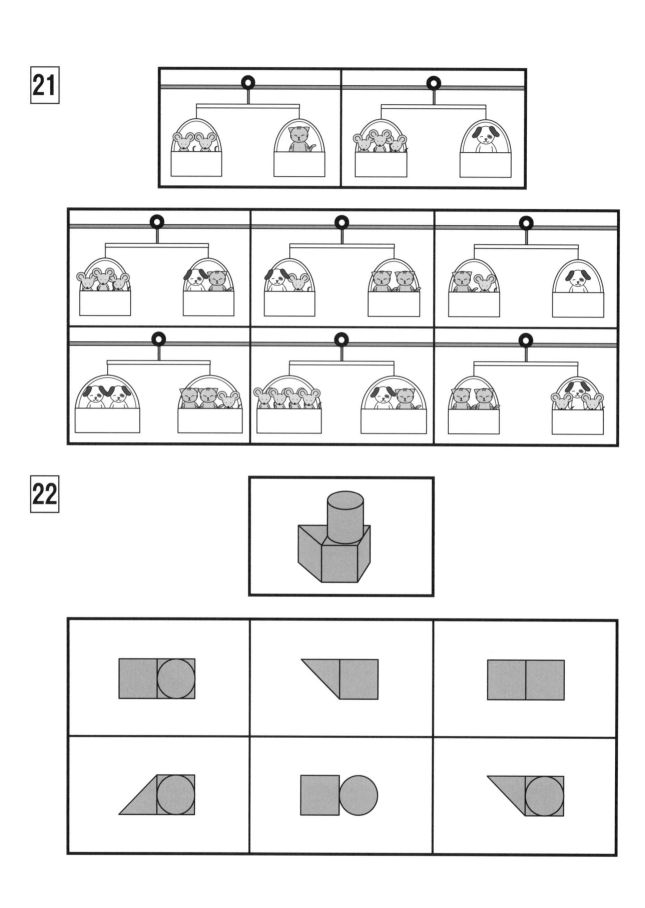

23

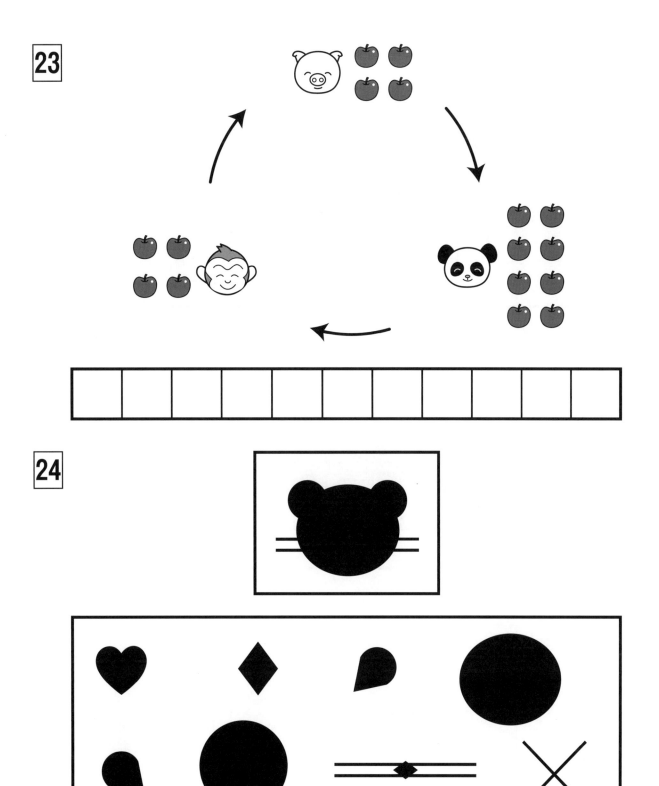

24

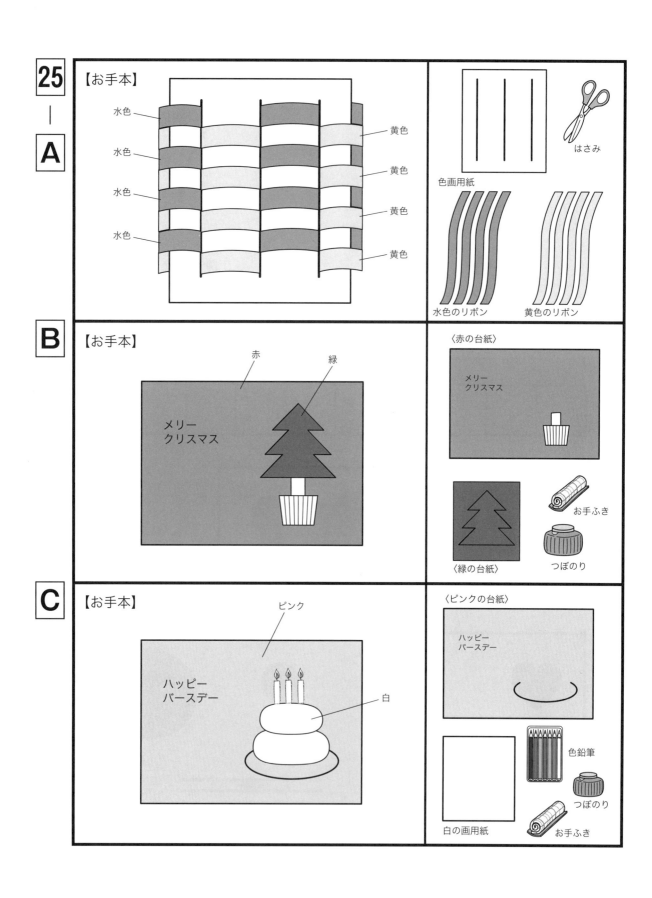

25 — A 【お手本】

水色 / 水色 / 水色 / 水色

黄色 / 黄色 / 黄色 / 黄色

色画用紙　はさみ

水色のリボン　黄色のリボン

B 【お手本】

赤　緑

メリークリスマス

〈赤の台紙〉

メリークリスマス

〈緑の台紙〉　お手ふき　つぼのり

C 【お手本】

ピンク

ハッピーバースデー

白

〈ピンクの台紙〉

ハッピーバースデー

白の画用紙　色鉛筆　つぼのり　お手ふき

26

─A

このように
マジックテープの
ついたバンダナが
たくさん用意され
ている。
これをつなげて
道を作る。

B

section

2019 早稲田実業学校初等部入試問題

■ 選抜方法

| 第一次 | 考査は1日で男子から先に実施。生年月日順（男子は年長者、女子は年少者から）で指定された日時に、受験番号順に5人グループでペーパーテスト、個別テスト、集団テスト、運動テストを行う。第一次考査で男女合わせて193人を選出する。所要時間は約1時間30分。 |

| 第二次 | 第一次合格者を対象に2会場に分けて親子面接を行う。 |

考査：第一次

内容はグループによって異なる。

■ ペーパーテスト

筆記用具は赤鉛筆を使用し、訂正方法は // （斜め2本線）。出題方法は口頭。

1 話の記憶

「たいし君は、お父さんとお母さんと妹のさくらちゃんの4人で、ずっと楽しみにしていた海に行きました。海にはいろいろな生き物がいて、たいし君もさくらちゃんも大喜びです。お父さんが、『どんな生き物がいるのか探してみよう』と言いました。さくらちゃんが小さいお魚がいっぱい泳いでいるのを見つけると、たいし君は岩場のかげにカニが隠れているのを見つけました。お父さんが浜辺の大きな石をずらしてみると、ヤドカリが顔を出しました。たいし君とさくらちゃんは捕まえようと手を伸ばしましたが、ヤドカリは逃げてしまいました。たいし君は『ヤドカリを捕まえるものと、お家まで持って帰れるように海の水も一緒に入れるものを持ってくればよかったな』と言いました。残念に思いましたが、逃げたヤドカリを追いかけていくとイソギンチャクも見つけました。お母さんが『お昼にしましょう』と呼んだので、浜辺にシートを敷いてみんなでお弁当を食べました」

・さくらちゃんが見つけた生き物に○をつけましょう。
・たいし君が持ってくればよかったと言ったものに○をつけましょう。

2 話の記憶

「まきちゃんと妹のゆきちゃんは、お母さんから晩ごはんを作るためのお買い物を頼まれました。お家には、タマネギとジャガイモがあります。お肉は、昨日バーベキューをしてたくさん食べたのでなくなっていました。八百屋さんでニンジンを、お肉屋さんで豚肉を

買ってから2人がお家に向かって歩いていると、お友達のめいかちゃんに会いました。めいかちゃんもお買い物をしてきたようで、卵とケチャップを持っていました。めいかちゃんはお母さんと一緒にオムライスを作って食べるそうです。まきちゃんもお家に帰ったら、お母さんの晩ごはん作りのお手伝いをしようと思いました」

・お友達が持っていたものに〇をつけましょう。
・まきちゃんの晩ごはんだと思うものに〇をつけましょう。

3 話の記憶

「みさきちゃんは、お家の裏にある畑でいろいろな野菜を育てています。春に種をまいて、毎日お水をあげて大切に大切に育てたので、たくさんのおいしい実がなりました。今日はお母さんと一緒にカレーライスを作るので、みさきちゃんはお父さんと畑に材料を収穫しに行きました。麦わら帽子をかぶって長靴を履き、最後に軍手をはめて準備完了です。みさきちゃんは、たくさん収穫できるように大きなカゴとはさみを持っていきました。初めにカレーライスに入れるジャガイモを掘ることにしました。たくさん採れて、ジャガイモが入ったカゴはとても重くなったので、お父さんにも手伝ってもらいました。ナスとキュウリも食べごろに育っていたので、はさみを使って真っ赤に色づいたトマトと一緒に収穫しました。みさきちゃんは、採れた野菜でお母さんに漬物を作ってもらおうと思いました。そして自分では、お家にあったキャベツと採ってきた野菜でサラダを作り、晩ごはんのときに出すとみんなが『おいしい！』と喜んでくれました」

・みさきちゃんが収穫しなかったものに〇をつけましょう。
・今日の晩ごはんに食べたものに〇をつけましょう。

4 話の記憶

「今日は、いとこのゆうこちゃんがだいき君のお家にお泊まりに来る日です。だいき君は、お祭りに行ったときにおじいちゃんに花火を買ってもらったので、ゆうこちゃんと一緒に花火をするのをとても楽しみにしていました。ゆうこちゃんのお父さんとお母さんも一緒に、みんなで夕ごはんを食べました。大勢で食べるといつもよりもっとおいしく感じました。ご飯の後にはスイカも食べました。だいき君とゆうこちゃんは3切れずつ食べました。浴衣に着替えると、いよいよ楽しみにしていた花火です。おじいちゃんが2人の花火の先に火をつけてくれました。お父さんとお母さんはにこにこ笑っています。小さな丸い火の玉の周りにパチパチと火花がはじけてとてもきれいです。しばらく見ていると、小さな火の玉はポタンと落ちて消えてしまいました」

・花火をしなかった人に〇をつけましょう。

・2人が選んだ花火に○をつけましょう。

5 話の記憶

「まさき君は、お父さんとお母さんと妹のゆいちゃんと、牧場に乳絞り体験に行きます。朝からよく晴れてドライブ日和です。まさき君とゆいちゃんは早起きをしてお母さんと一緒にお弁当を作りました。お母さんが夕べ煮てくれた油揚げに、小さく握った酢飯を詰めていきます。重箱にいなりずしが20個並びました。から揚げやポテトサラダもあって、今からお昼が楽しみです。牧場に到着すると、入口でパンフレットをもらいました。乳絞りをしにウシのところに行きましたが、乳絞りまでまだ時間があったので、先に牧場を見て回ることにしました。ヒツジの毛を刈るところを見学したり、ヤギに餌をあげたりしました。ウマの背中に乗せてもらい、お父さんがたくさん写真を撮ってくれました。おなかがすいたので駐車場の近くの公園でお弁当を食べました。すると、さっきまで晴れていたのに、空が暗くなってきて雨が降り出しそうです。車にお弁当箱を置きに行って、雨が降ってもだいじょうぶなように準備をして牧場に戻りました」

・牧場で見なかった動物に○をつけましょう。
・お弁当の後に車から持ってきたと思うものに○をつけましょう。

6 話の記憶

「今日はウサギさんの誕生日です。お友達がお祝いに来てくれました。クマさんはピカピカ光る折り紙でツルを折ってくれました。今にも飛び立ちそうです。イヌ君はウサギさんの似顔絵を描いて赤いリボンをかけてくれました。ウサギさんにそっくりです。サル君は、サンドイッチを持ってきました。種類がいろいろあって楽しみです。ネコさんが持ってきたケーキをテーブルの上に置いたとき、ネコさんは忘れ物に気がつきました。すると、ウサギさんのお母さんが『だいじょうぶよ。ここにあるわ』と言ってそれをケーキに立てると、火をつけてくれました。みんなでハッピーバースデイの歌を歌ってお祝いしました」

・プレゼントに誰も持ってこなかったものに○をつけましょう。
・ネコさんが持ってくるのを忘れたものに○をつけましょう。

7 話の記憶

「今日はキツネさんのお誕生日パーティーの日です。キツネさんのお母さんは、朝からごちそうの準備で大忙しです。パーティーが始まる時間には、ケーキも焼き上がりました。後はクリームをたっぷり塗ってチョコレートとフルーツで飾りつけをすればできあがりです。お友達もプレゼントを持ってやって来ました。クマさんは森に咲いていたきれいなお花を花束にして持ってきてくれたので、花瓶に挿しておきました。ウサギさんが持ってき

たプレゼントは三色のおだんごを串に刺したものです。タヌキ君はオレンジを絞ってジュースにして持ってきてくれました。小鳥さんは何も持たずに飛んできましたが、きれいな歌声で歌ってくれて、これもすてきなプレゼントでした。お母さんの焼いてくれたケーキも、みんなのプレゼントもとてもおいしくて、みんなでペロリとすべていただきました。パーティーは大成功です。楽しい時間はあっという間に過ぎていきました」

・ウサギさんがくれたプレゼントに○をつけましょう。
・次の日も楽しめたと思うプレゼントに○をつけましょう。

8 話の記憶

「ちあきちゃんは運動するのが大好きです。いつも公園で鉄棒をしたり、縄跳びをしたり、お父さんが一緒のときはキャッチボールをしたりして遊んでいます。つい最近、今までできなかった逆上がりができるようになったので、今日は何回も逆上がりをしてうれしい気持ちでした。ちあきちゃんは逆上がりの次は、縄跳びで後ろ跳びにも挑戦しようと思いました。前跳びはもう100回以上跳ぶことができます。ちあきちゃんが練習をしていると、ゆうじ君が『僕にも縄跳びを貸してほしいな』と近づいてきました。縄跳びは1本しかありません。順番に使うことにして、2人でジャンケンをしました。『ジャンケンポン！』ちあきちゃんはグーを出してあいこになりました。そこで、もう一度ジャンケンをすることにしました。『あいこでしょ！』今度は、チョキを出したちあきちゃんが勝ちました。2人でかわりばんこに縄跳びを使いながら仲よく遊びました」

・ちあきちゃんの好きな遊びに○をつけましょう。
・ゆうじ君がジャンケンで2回目に出したものに○をつけましょう。

9 数量（進み方）

・ウサギさんとカメさんがジャンケンをします。勝ったら左に、負けたら右にマス目を進みます。進む数は何を出したかで、上のお約束のように決まります。では、ウサギさんがチョキで勝つと、ウサギさんとカメさんはどこに進みますか。ウサギさんの進んだマス目に○、カメさんの進んだマス目に△をかきましょう。

10 数量（対応）

・上の四角がお手本です。下の大きな四角の中の果物を使ってお手本と同じようなカゴをできるだけたくさん作ると、それぞれの果物はいくつ余りますか。その数だけ、下の果物の横の四角に○をかきましょう。

11 数量（対応）

・上の四角を見てください。小さい四角4つで筒1本と交換できます。また笛2つで筒1本と交換できます。このお約束のとき、小さい四角と笛を全部合わせてちょうど筒3本と交換できる四角を、下から選んで○をつけましょう。

12 推理・思考

・縦、横、斜めに丸が5つ並ぶように、空いているマス目に○を3つだけかきましょう。

13 推理・思考

・左上の四角に描いてあるお手本を見てください。矢印の方向に矢を真っすぐに撃ちます。お手本のように3本だけ矢を撃って全部の風船を割るには、どこからどの向きに矢を撃てばよいですか。右の四角にお手本と同じ向きの線を3本かきましょう。

14 推理・思考（回転図形）

・左端の形を、左に3回コトンコトンコトンと回し、その後右に2回コトンコトンと回すと、どのようになりますか。合うものに○をつけましょう。

15 構　成

・左上の四角の中の形を2つ並べてできるものを3つ選び、○をつけましょう。形は回してもよいですが、裏返しにはできません。

16 推理・思考（重ね図形）

・上の四角の形は透明な紙にかかれています。この2枚をそのまま横にずらして重ねると、どのようになりますか。下から選んで○をつけましょう。向きが変わっているものもありますが、裏返しにはしていません。

17 模写（対称図形）

・マス目の上の方にかかれた形を真ん中の線でパタンと下に折ったとき、ちょうど重なるようにマス目に形をかきましょう。

18 観察力

・上の二重四角のように、三角が縦、横、斜めのどれかの向きに5つ並んでいる四角に○をつけましょう。

19 推理・思考（重さ比べ）

・上の四角のように、四角1つと丸2つがシーソーでつり合います。このお約束のとき、下にあるシーソーの様子で正しいものに○をつけましょう。

20　推理・思考（重さ比べ）

・上の四角の中の様子がお約束です。このお約束のとき、シーソーの様子が正しく描いてあるものを下から選んで○をつけましょう。

21　数　量

・上にかいてあるサイコロの目を全部合わせて、それと同じ数だけ絵が描いてある四角を選んで、○をつけましょう。

22　数量（対応）

・1人分のお弁当には、おにぎり1個、ウインナーソーセージ2本、サクランボ1個が入ります。このお約束のとき、四角の中の食べ物では何人分のお弁当を作ることができますか。その数だけ下のマス目に○をかきましょう。

23　数量（すごろく）

・白星からスタートして、サイコロを振って出た目の数だけマス目を右に進みます。印のあるマス目にちょうど止まったときは、右下の四角にかいてあるお約束のように丸の数だけ矢印の向きに進みます。それでは、サイコロを2回振ってちょうどピッタリ黒星のところまで進むためには、サイコロの目はどのような組み合わせで出るとよいですか。左下のサイコロの組み合わせから合うものを選んで、その四角に○をつけましょう。

24　推理・思考（対称図形）

・上の二重四角は透き通ったシートにかいてあります。このシートを裏側から見たときの様子に合うものに○をつけましょう。向きが変わっているものもあります。

▌個別テスト　▌1グループ全員で一度に行う。

25　生活習慣

Ⓐ
ハンガーに、長袖の給食着がかけてある。机2台が手前とその向こうに並び、手前の机の上にはトレーが1つ、向こう側の机の上にはお茶わん、丸皿、角皿、おわん、はし、スプーン、ワイングラス、ガラスのコップが置いてある。

・今日の給食は、ご飯とみそ汁と野菜炒めと麦茶です。では、トレーに給食の準備をしましょう（準備が終わったら食べるまねをする）。

・食べ終わったら、後ろの机の上のカゴに食器を片づけましょう。給食着は脱いで、ハン

　ガーにかけてください。

B
ハンガーに、半袖の襟つきシャツがかけてある。机の上に本立て、ゴミ入れ用ビニール袋、レッスンバッグの中に絵本4冊、縄跳び、トランプのカード数枚、おはじき数個、ティッシュペーパーを丸めたものが入っている。机の中には、おはじきのケースとトランプのケースが入っている。

・シャツを着て、お片づけをしましょう。終わったら、シャツを脱いでハンガーにかけてください。

C
ハンガーに、半袖の襟つきシャツがかけてある。机の上にゴミ入れ用ビニール袋、レッスンバッグの中に鉛筆2本、消しゴム1個、絵の具1本、色鉛筆1本、ノート2冊、ティッシュペーパーを丸めたものが入っている。机の中には、筆入れ、絵の具の箱、色鉛筆の箱がふたを閉めた状態で入っている。

・シャツを着て、お片づけをしましょう。終わったら、シャツを脱いでハンガーにかけてください。

D
ハンガーに、襟つきのシャツがかけてある。机が2台あり、手前の机には何も置かれておらず、向こう側の机の上にはたたんだランチョンマット、模擬の玉子焼きとウインナーがのった角皿、水の入ったおわん、プリン、はし、ふたつきのお茶わんが置いてある。

・シャツを着て、朝ごはんの用意をしましょう。終わったらシャツを脱いで、ハンガーにかけてください。

ハンガーに、半袖のパジャマの上着のみがかけてある。シートの周りには下から3つ折りの敷布団、シーツ、肌掛け、枕、ぬいぐるみの順番に重ねられた布団セットが置いてある。

・キャンプに来ました。パジャマを着て靴を脱いでシートに上がり、お布団を敷いて寝ましょう。

・起きてください。パジャマを脱いで、元通りにハンガーにかけましょう。

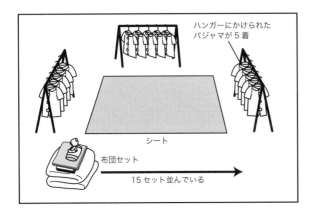
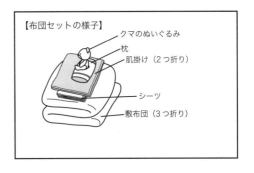

ハンガーに、襟つきのシャツがかけてある。机の上に黒い画用紙、たたんだ新聞紙、白い絵の具を溶いた皿が置いてある。ハンドソープと水道の蛇口には番号がついている。

・シャツを着て、利き手の手形を取りましょう。できたら手を洗いましょう。終わったらシャツを脱いでハンガーにかけてください。

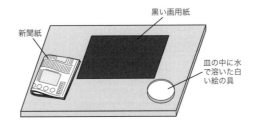

ハンガーに、襟つきのシャツがかけてある。リュックサックの中に、レジャーシート、レインコート、フェイスタオル、巾着に入ったお弁当箱とはし箱が入っている。お弁当箱には、模擬の玉子焼きとウインナーが入っている。

・シャツを着て、リュックサックを背負ってピクニックに出かけましょう（レジャーシートを敷いてお弁当を食べるまねをする）。食べ終わったら、お弁当を片づけてリュックサックに戻しましょう。

🔲 絵画（課題画）

クレヨン12色、画用紙が用意されている。考査日時によって課題は異なる。

・朝早く起きてすることを絵に描きましょう。

・おなかがいっぱいになったときの絵を描きましょう。

・グツグツと料理するものを描きましょう。

・まだかなとドキドキ楽しみにしている絵を描きましょう。

・ありがとうを言われるときの絵を描きましょう。

・宅配便で届いた荷物の中身を絵に描きましょう。

・フワフワするもので遊んでいる絵を描きましょう。

・どんなときに笑顔になるか、そのときの絵を描きましょう。

📄 言　語

絵画の途中で「何を描いていますか」などの質問に答える。

▌ 集団テスト ▌ 考査日時によって課題は異なる。

📄 行動観察

・ボール5個、ペットボトル2本、軟らかい長四角の積み木3個、縄跳び1本が用意されている。初めはボールだけを使って、次に用意されたほかのものも使って、グループのお友達と遊び方を相談して遊ぶ。

・棒のバトン10本、輪っかのバトン10個、六角形のブロック10個が用意されている。用意されたものを使って、グループのお友達と遊び方を相談して遊ぶ。「やめ」と言われたら、使ったものを箱の中に片づける。

・ひも、箱が用意されている。用意されたものを使って、グループのお友達と遊び方を相談して遊ぶ。

・グループで協力して、いろいろな大きさの箱を積み上げてできるだけ高いタワーを作る。

・グループで協力して、フープに入った大きな風船を別のフープの中にうちわであおいで運ぶ。1回目が終わったら、どうすればより上手に運べるかを相談して、2回目を行う。

・いろいろな大きさや形のソフトブロックで遊んだ後、グループで協力してそれぞれ大きさや形の違う4つのケースの中に片づける。

・グループで協力して、レインコート、Tシャツ、リュックサック、軟らかいバットをできるだけ長くなるようにつなげる。途中で作戦を立てる時間がある。

▌ 運動テスト ▌ 考査日時によって課題は異なる。

📄 模倣体操（身体表現）

・テスターのお手本の通り、両手を肩→肩→頭→お尻に当てる。数回くり返す。

- 生き物（カエル、カニ、クジラ、クラゲ、ゴリラ、イヌなど）のまねをする。
- タケノコが伸びていく様子のまねをする。
- かがんで小さくなった後、思い切り高くジャンプする。
- 縄跳びを床に置いて跳び越える。

考査：第二次

親 子 面 接

本 人

- 幼稚園（保育園）の名前を教えてください
- 仲のよいお友達の名前を教えてください。
- よくする遊びは何ですか。
- 今日はどうやって来ましたか。
- きょうだいで、けんかをしますか。
- 仲直りはどのようにしますか。
- お父さんやお母さんに、どんなことでしかられますか。
- お手伝いはどんなことをしていますか。
- お手伝いで大変なことは何ですか。
- 小学生になってからの目標は何ですか。

父 親

- お子さんをしかるのはどんなときですか。
- お子さんの長所と短所を教えてください。
- お子さんの名前の由来を教えてください。
- 入学に向けてどのような準備をしていますか。
- きょうだいげんかをどのように仲裁していますか。

母 親

- お子さんが自分で考えるような機会を作っていますか。
- お子さんが自分で考えられるようになったと実感したことはありますか。
- わが子ながら感心した出来事はありますか。
- 子育てで大切にしていることは何ですか。
- 入学後にどのように成長してほしいですか。

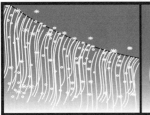  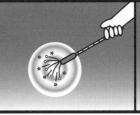 

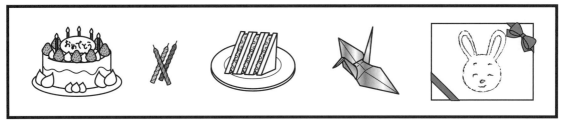

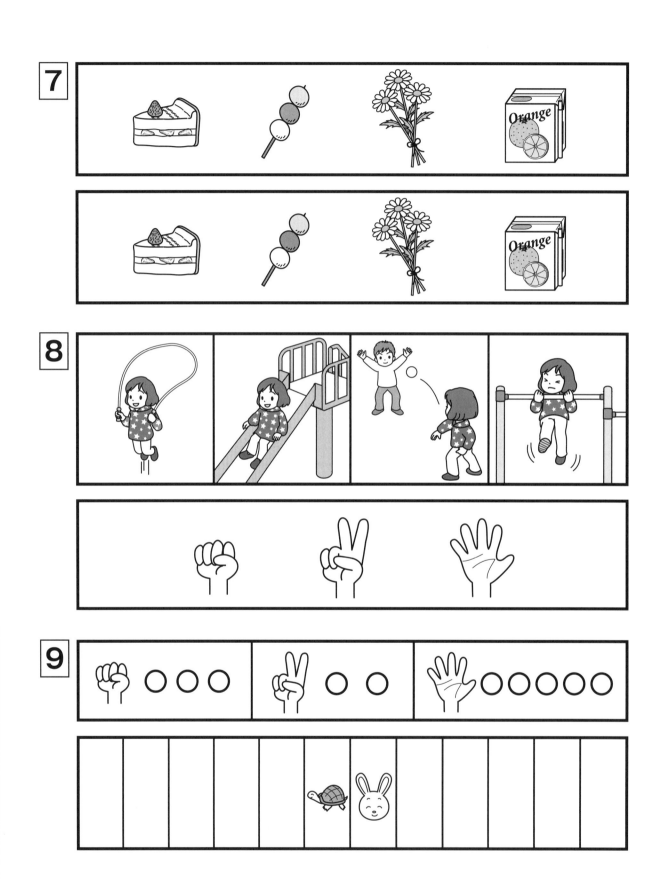

10

11

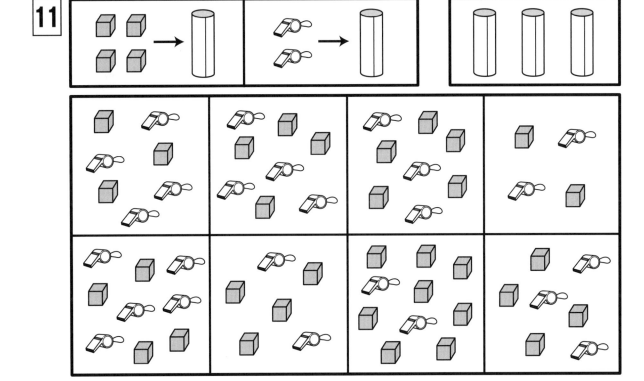

12

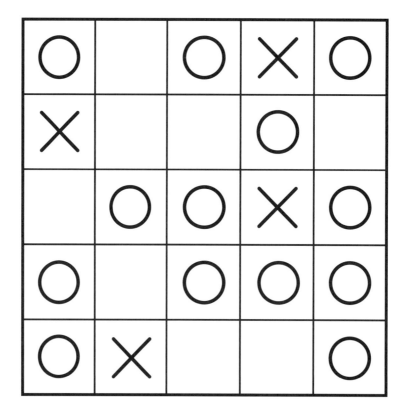

13

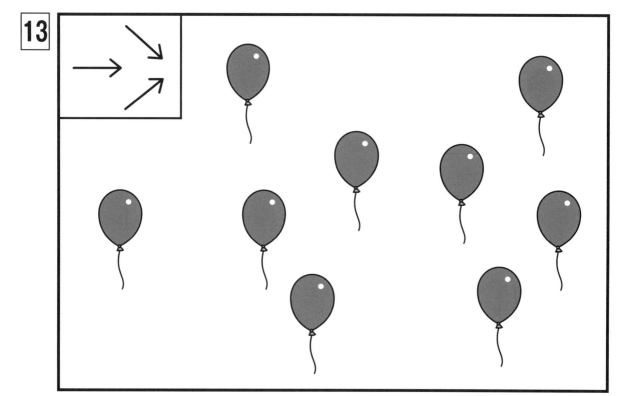

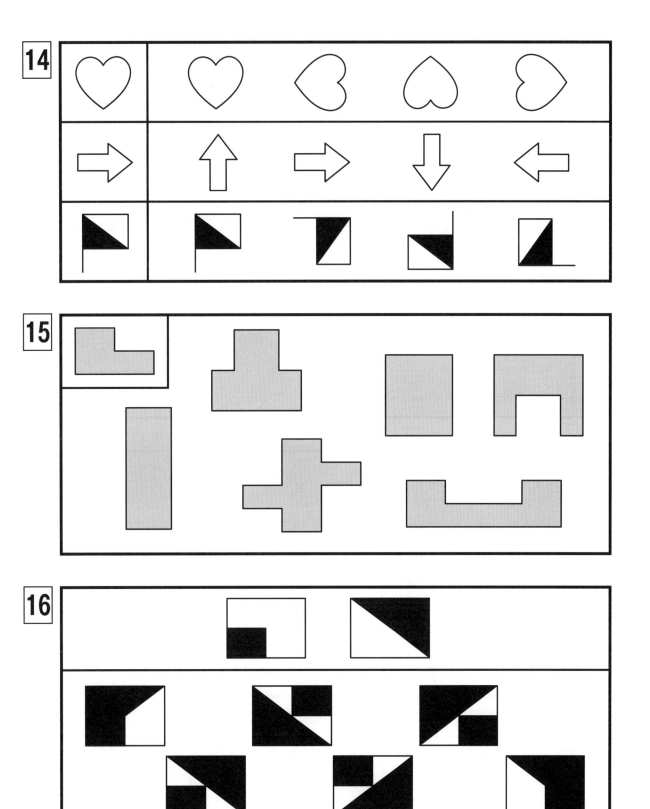

17

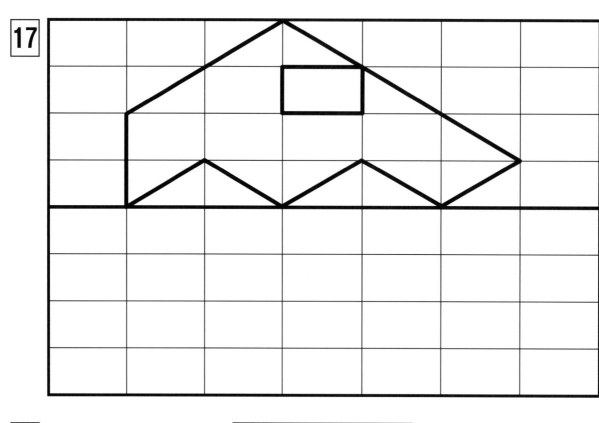

18

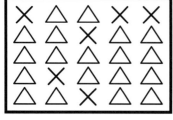 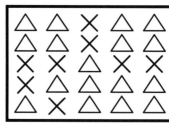 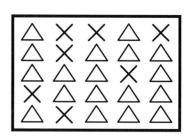

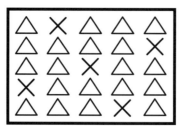 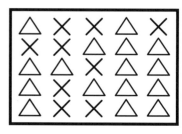

19

20

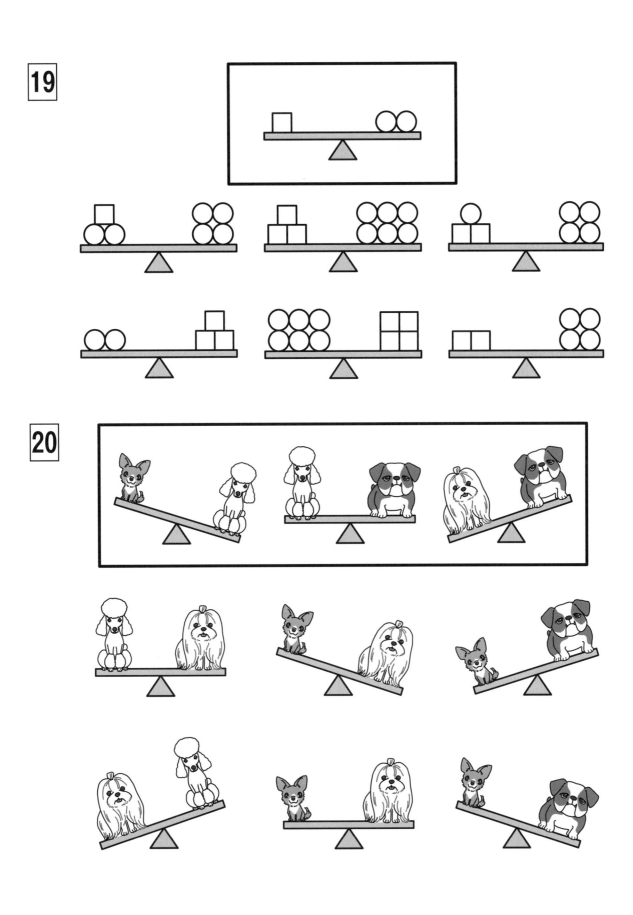

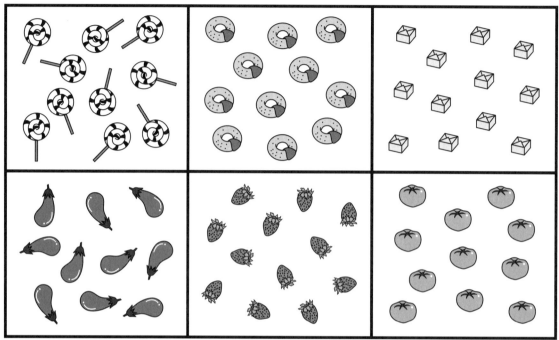

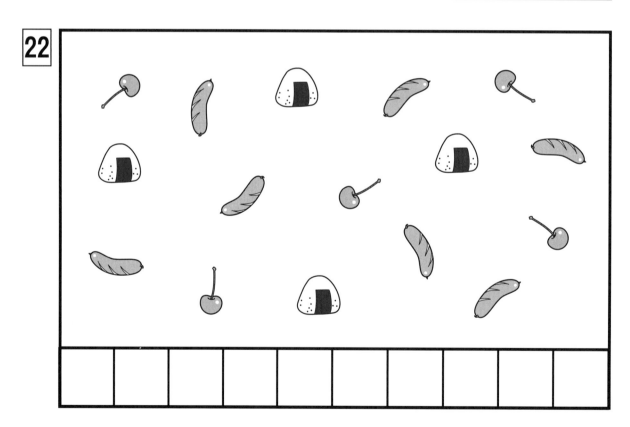

23

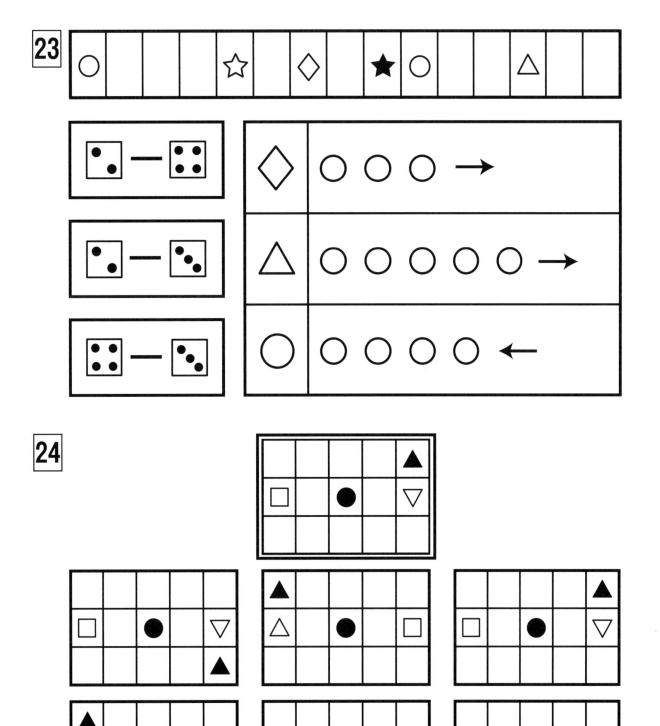

24

25 —A

お茶わん　丸皿　角皿　おわん
はし　スプーン　ワイングラス　ガラスのコップ
トレー

B

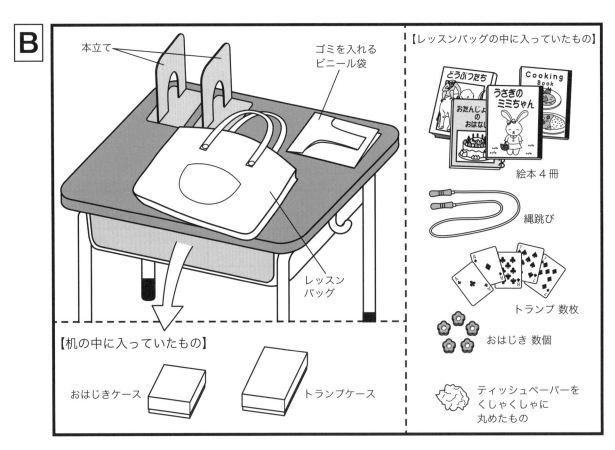

本立て
ゴミを入れるビニール袋
【レッスンバッグの中に入っていたもの】

どうぶつたち　Cooking Book
おたんじょうのおはな　うさぎのミミちゃん
絵本4冊

縄跳び

トランプ 数枚

おはじき 数個

ティッシュペーパーをくしゃくしゃに丸めたもの

レッスンバッグ

【机の中に入っていたもの】

おはじきケース　トランプケース

25
C

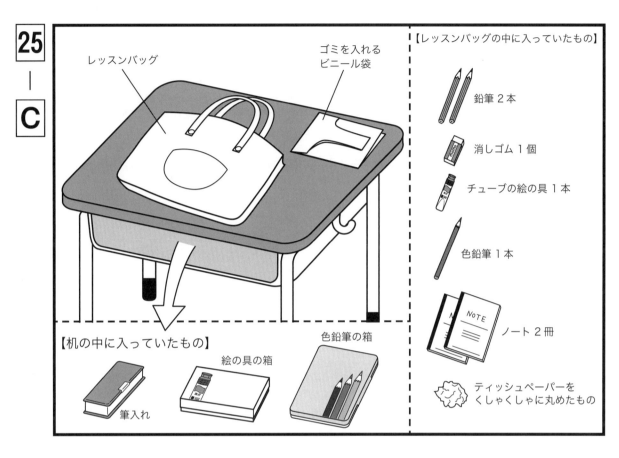

D

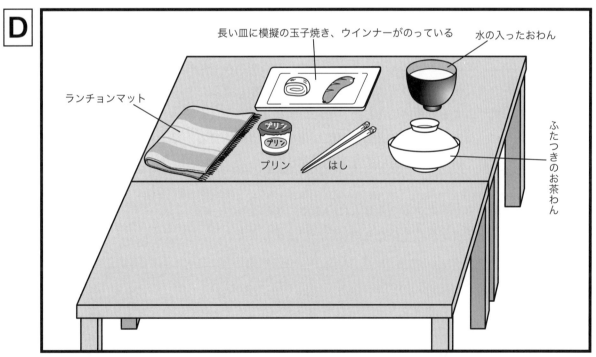

■ **選抜方法**

| 第一次 | 考査は1日で男子から先に実施。生年月日順（男子は年長者、女子は年少者から）で指定された日時に、受験番号順に5人グループでペーパーテスト、個別テスト、集団テスト、運動テストを行う。第一次考査で男女合わせて約180人を選出する。所要時間は約1時間30分。 |

| 第二次 | 第一次合格者を対象に2会場に分けて親子面接を行う。 |

考査：第一次

内容はグループによって異なる。

■ **ペーパーテスト** 　筆記用具は赤鉛筆を使用し、訂正方法は // （斜め2本線）。出題方法は口頭。

1 話の記憶

「今日は、けんた君が楽しみにしていた、おじいちゃんのお家で花火をする日です。花火をたくさん持って、お父さんの運転する車に乗ってお母さんと妹のみかちゃんと一緒におじいちゃんのお家に行きました。けんた君がおじいちゃんとおばあちゃんに『準備は僕が1人でするから、誰もお手伝いをしないでください』と言うと、おじいちゃんは『頼もしいな』と言いました。夜になって、けんた君がみんなに花火を配ると、おじいちゃんは火をつけた後に自分の花火をけんた君に渡してくれました。みかちゃんも『怖いから見ているだけにする』と言いました。けんた君の緑色の花火が終わって花火を捨てようとしたときに、お父さんが『花火は火事にならないように捨てるんだよ』と言いながら、けんた君が忘れていたものを持ってきてくれました」

・花火をやらなかった人2人に○をつけましょう。
・けんた君が忘れていたものに○をつけましょう。

2 話の記憶

「しゅん君とかなちゃんは、お友達とお約束をした公園に行く途中です。『もうみんなは公園に着いて縄跳びをしているんじゃないかな』とかなちゃんが言うと、しゅん君は、『僕はサッカーをしていると思うよ』と言いました。2人は公園までしりとりをしながら行くことにしました。しゅん君の大好きなリンゴからスタートです。ゴリラ、ラッパ、パセリ、

リス、スイカ、鏡と続いてかなちゃんの番になりました。かなちゃんは張り切って『ミカン』と言ってしまいました」

・先に公園に行ったお友達は何をしているとお話ししていましたか。合うもの2つに〇をつけましょう。
・かなちゃんがしりとりで負けたときに言ったものに〇をつけましょう。

3 話の記憶

「カエル、カメ、クジラ、イルカ、トビウオが1列に並んで、今から水泳の競争をします。ヨーイ、ドン。一斉にスタートしました。トビウオ君が元気いっぱいにビュンビュン飛ばしていると、勢い余ってクジラ君のコースに飛び込んでしまいました。すると、クジラ君の潮吹きに乗ってカメ君の背中に見事に着地したトビウオ君。イルカ君はそれを見て、『さすがトビウオ君』と言いました。カメ君はトビウオ君を背中に乗せたまま、1着でゴールしました」

・トビウオ君をほめた生き物に〇をつけましょう。
・1着でゴールした生き物に〇をつけましょう。

4 話の記憶

「こうき君は、お父さんとお母さんと妹のみふゆちゃん、おじいちゃんとおばあちゃんの家族全員で、お弁当を持って海の公園までサイクリングしました。海の公園には大きな迷路が3コースあって、こうき君はとても楽しみにしていました。こうき君が、初めにおばあちゃんとみふゆちゃんと一緒に簡単なウサギコースを回ってみると、スイスイとゴールできました。こうき君は難しいパンダコースにも挑戦したくなり、お父さんを誘って一緒に頑張って回り、ゴールしました。自信がついたこうき君は、1人でキリンコースに挑戦してゴールしました。迷路の後は、公園の中にある遊具で遊んだり、少しお山になっている原っぱでお弁当を食べたりしました」

・迷路に挑戦しなかった人に〇をつけましょう。
・お弁当を食べた場所に〇をつけましょう。

5 話の記憶

「今日は家族で湖へ泳ぎに行く日です。ひなた君は早起きをして、お母さんと一緒にサンドイッチを作っています。食パンにバターを塗ってレタスを敷いた上にキュウリをのせました。その上にハムものせてパンで挟んで完成です。水筒にお茶を入れていると、妹のみほちゃんとお父さんが起きてきました。みほちゃんは、ひなた君の作ったサンドイッチに

大喜びです。お母さんがバスケットにサンドイッチのお弁当を詰めてくれました。ひなた君もみほちゃんも泳ぎはまだまだ練習中なので、浮き輪を用意しました。昨日の夜にお父さんが、楽しく遊べるようにと浮き輪と一緒に空気を入れてくれたものも忘れずに持ちました。みんなで車に乗って湖に出発です」

・ひなた君が湖に持っていったものに○をつけましょう。
・サンドイッチに入れていないものに○をつけましょう。

6 話の記憶

「だいき君はお父さんとお母さんと妹のまゆちゃんと一緒に、ドングリ山にハイキングに行きます。荷物は、みんなで分担してリュックサックに入れて持っていきます。水筒はそれぞれ自分の分をしっかり持ちました。お父さんは三段の重箱に入ったお弁当をリュックサックに入れました。だいき君とまゆちゃんは、レインコートとお菓子と果物を入れました。お母さんは傘を2本と果物を入れました。ドングリ山には電車とバスに乗っていきます。バスを降りると、ドングリ山はすっかり秋色でした。頂上まで頑張って登ってお弁当を食べる準備をしていると、お母さんが『忘れちゃった』と困った顔で言いました。だいき君が何だろうと不思議に思っていると、お父さんが『だいじょうぶ。落葉の上に座って食べよう』と言いました。お母さんが作ってくれたお弁当はとってもおいしかったです」

・お母さんが忘れたものに○をつけましょう。
・お母さんとまゆちゃんが2人とも持っていったものに○をつけましょう。

7 話の記憶

「ゆうき君はお父さんとお母さんと妹のりんちゃんと弟のたける君と、公園でかくれんぼをすることになりました。初めにジャンケンをしてオニを決めました。オニは目をつぶって百数えます。『もういいかい』とオニが言いました。ゆうき君は『まあだだよ』と答えます。ゆうき君がトンネルすべり台に隠れようかベンチの下に隠れようか迷っていると、お母さんが大きなサクラの木の下に隠れているのが見えました。りんちゃんはどこかなと思って辺りを見渡すと、お父さんと一緒に公衆トイレの壁の向こうに小さくなっている様子が見えました。ゆうき君もしゃがんで体を小さくして生い茂った草むらの陰に隠れて、『もういいよ』とオニに聞こえるように大きな声で言いました」

・オニをやった人に○をつけましょう。
・ゆうき君が隠れた場所に○をつけましょう。

8 話の記憶

「そうた君と妹のゆうこちゃんは、去年の秋におじいちゃんに黒と白のしましまの細長い種をもらいました。おじいちゃんは『春になるまで乾燥剤を一緒に入れておくといいんだよ』と教えてくれました。お父さんと一緒にお庭にまいた種は、すぐにたくさんの芽を出しました。そうた君とゆうこちゃんは毎日毎日、朝と夕方にお水をあげて大切に育てました。小さかった芽はぐんぐんと伸びてそうた君の背の高さを追い越すと、黄色い花びらの丸い大きなお花を咲かせました」

・お話に出てこなかった人に○をつけましょう。
・咲いたお花に○をつけましょう。

9 構 成

・左のお手本の魚を作るのに使うパズルを、右から３つ選んで○をつけましょう。

10 数 量

・左のお手本のように、白と黒の星の数が同じ四角を、右から選んで○をつけましょう。

11 数量（すごろく）

・サイコロを振って出た目に合わせてマス目を進みます。マス目の上の矢印のように、２、４、６の目が出たときは左向きに、１、３、５の目が出たときは右向きに、出た目の数だけ進むお約束です。黒丸からスタートして、お約束通りに進んで星のところで止まりました。そのときのサイコロの目の組み合わせが正しくかいてある四角を、下から選んで○をつけましょう。

12 推理・思考（四方図）

・上の絵を見ましょう。カメラで左の積み木をある方向から写すと、右の四角のようになりました。では、下の絵の積み木を上の積み木と同じ方向からカメラで写すと、どのようになりますか。それぞれ合うものに○をつけましょう。

13 観察力

・上のお手本の形が全部かいてある四角を、下から選んで○をつけましょう。

14 構 成

・上のお手本を作っているパズルを全部を使ってできるものを、下から選んで○をつけましょう。

15 数 量

・絵の中の子どもの数だけ、上のマス目に○をかきましょう。

・走っている子どもの数だけ、下のマス目に○をかきましょう。

16 数量（対応）

・上のビーズを全部使って下の左のお手本と同じものを何本か作ると、結び目は全部でいくつになりますか。その数だけ右に○をかきましょう。

17 観察力

・上のお手本と同じ並び方になっているところを探して、お手本と同じように○で囲みましょう。

18 模　写

・上のお手本と同じになるように、下のマス目に形をかきましょう。

19 観察力（同図形発見）

・左上のお手本と同じように３つの四角が重なっているものを選んで○をつけましょう。形は向きが変わっているものもありますが、裏返したものはありません。

20 数量（対応）

・上のお約束でお買い物をします。ソフトクリームは２枚、ショートケーキは３枚、パンケーキは４枚のコインで買うことができます。下の左側のお菓子を買うとき、コインは何枚あればよいですか。それぞれ右側に必要な数だけ○をかきましょう。

21 数量（マジックボックス）

・上の四角がお約束です。ボールが星の箱を通ると３つ増え、三角の箱を通ると２つ減ります。では下のように星や三角の箱を通ると、ボールはいくつになりますか。その数だけ下のマス目に○をかきましょう。

22 観察力（同図形発見）

・左上のお手本と同じものを３つ選んで○をつけましょう。

23 数　量

・男の子と女の子が絵のようにクッキーを持っています。女の子はクッキーを２枚、男の子は３枚食べました。その後で２人のクッキーを同じ数にするには、男の子は女の子に何枚あげればよいですか。その数だけ下の四角に○をかきましょう。

24 **系列完成**

・いろいろな形が決まりよく並んでいます。クエスチョンマークのところに入る正しい組み合わせを下から選んで○をつけましょう。

個別テスト ┃ 1グループ全員で一度に行う。

25 **生活習慣**

ハンガーにかかっている前ボタンのついた白いスモックを着てそれぞれの課題に取り組み、終わったらスモックを元のように戻す。（すべてのグループで共通）

Ⓐ
「お買い物に行きましょう」と指示があり、カゴに入ったジャガイモや食パンをカゴの下にある買い物用のレジ袋に入れて後ろの机まで運び、袋から出して並べる。

Ⓑ
「お片づけをしましょう」という指示があり、水切りトレーに入っているぬれた食器をふきんでふき、トレーの上に並べる。

Ⓒ
「キャンプの準備をしましょう」という指示があり、上履き、紙袋に入っているTシャツ、半ズボン、靴下、タオルを、巾着袋などの用意されている袋に分けて入れる。

Ⓓ
「ピクニックの準備をしましょう」という指示があり、皿の上の模擬の食べ物をお弁当箱にはしで詰め、巾着袋に入れる。

・「体操に行く準備をしましょう」という指示があり、紙袋に入った体操服と縄跳びを巾着袋の中に入れる。

26 **巧緻性**

Ⓐ
お手本、イヌが描かれた台紙、付箋紙2枚が用意されている。
・お手本と同じものを作りましょう。紙をちぎって、犬小屋になるように台紙に貼りつけてください。

Ⓑ
クリアフォルダ（A4判）にお手本と台紙、シールが入っている。
・クリアフォルダの中のものを取り出し、お手本と同じになるように台紙にシールを貼りましょう。終わったら使ったものを元に戻してください。

トレーの中にウサギの顔が描かれた台紙とはさみが入っている。

・ウサギの顔を切り抜きましょう。

27 絵画（想像画）

クレヨン12色、画用紙が用意されている。考査日時によって課題は異なる。

・（男の人が畑を耕している絵を見ながら）あなたが畑で育てたいものを描きましょう。

・（ドシンドシンという音を聞きながら）何かが近づいてくる音が聞こえます。何が近づいてきているのか考えて、その絵を描きましょう。

・（サンタクロースの絵を見ながら）袋の中のプレゼントの絵を描きましょう。

・遠くから食べ物のよいにおいがしてきました。どのような食べ物か考えて、その絵を描きましょう。

・（魔女がかぶる帽子の絵を見ながら）この帽子をかぶったらどんな魔法を使えるのか考えて、その様子を描きましょう。

・（Ｔシャツが描かれた台紙がある）デザイナーになって、すてきなＴシャツになるように絵を描きましょう。

・（ジューッという音を聞きながら）何を焼いているか考えて、その様子を描きましょう。

・あなたがドキドキワクワクするときの絵を描きましょう。

■ 言　語

絵画の途中で「何を描いていますか」などの質問に答える。

集団テスト

■ 行動観察

・各グループに、水とたくさんのスーパーボールが入ったビニールプール、まな板やフライ返しなどの道具、ボウルが用意されている。ビニールプールの中のスーパーボールを道具ですくってボウルに入れるゲームをする。1回目が終わったところで、どうすれば上手にできるかみんなで考えて、2回目を行う。

・各グループに、ドッジボール、キャンディーボール、ピンポン球が1つずつ用意されている。グループのお友達と遊び方を考えて、このうちの1つだけを使って遊ぶ。その後にペットボトル10本と大縄が追加され、これらと先ほどのボールなどを合わせた遊びをみんなで考えて遊ぶ。

・床に赤い線が引いてあり、各グループにゴムボールが9個ほど入ったカゴが用意されて

いる。赤い線のところからゴムボールを落とさないように運び、向こう側にある空のカゴに移すゲームをする。ゴムボールを持っている人は歩くことができず、持っていない人は歩いて動くことができるというお約束があり、どのようにして移すかグループのお友達と相談する。何回か行う。

・キャンプごっこ、病院ごっこ、レストランごっこのコーナーが用意されている。グループのお友達と相談して、コーナーのどれかで一緒に遊ぶ。テスターの合図があったら、次にどのコーナーで遊ぶか相談して、別のコーナーでまた一緒に遊ぶ。

・床に赤い線が引いてあり、各グループに1面の半分の大きさの新聞紙が数枚、うちわがグループの人数分より1枚少なく用意されている。赤い線のところから新聞紙をうちわであおいで動かし、向こう側の床にある黄色い丸の中に移すゲームをする。どうすればより早く運べるかを相談する時間があり、4、5回行う。

・グループごとに縦1列に並び、先頭の人からドッジボールを後ろに送って赤い線のところから青い線のところまで運ぶゲームをする。ドッジボールは先頭の人から順番に上から、下から、右から、左から後ろの人に送り、後ろの人に渡したらまた列の最後尾につく。1回目が終わったら、どうすればより早く運べるか相談して、2回目を行う。

・各グループに、たくさんの新聞紙、人数分のセロハンテープが用意されている。グループのお友達と協力して、新聞紙とセロハンテープでできるだけ高いタワーを作る。途中で作戦を立てる時間がある。

運動テスト

模倣体操（身体表現）

・水泳、バスケットボール、サッカーなど、テスターがさまざまなスポーツの動きをしながら並んでいるコーンの間をジグザグに歩くので、後ろにつきそのまねをして歩く。
・カニ、鳥、ゴリラなど、テスターに指示された動きをする。

四つ足歩き

円の周りを、両手と両ひざを床についてテスターの指示通りに前後に進む。

スキップ

・体の前後で交互に手をたたきながらスキップする。

・並んでいるコーンの間をジグザグにスキップする。

ジャンプ

赤い線からスタートして、床に置かれた小さいコーンの上を両足ジャンプで越えながら青い線まで進む。

考査：第二次

親 子 面 接

本 人

・お名前と受験番号を教えてください。
・今日はどこの駅から電車に乗ってきましたか。
・幼稚園（保育園）では何をして遊びますか。
・お友達とけんかをしてしまったことはありますか。どうしてですか。どうやって仲直りしましたか。
・お家でのお手伝いは何をしていますか。
・幼稚園（保育園）で頑張っていることは何ですか。
・習い事は週に何回通っていますか。
・好きな食べ物は何ですか。なぜ好きなのですか。

父 親

・お子さんの名前の由来を教えてください。
・お子さんを見てほっこりするとき、思わず笑いたくなるときはどんなときですか。
・お子さんをしかったことはありますか。
・お子さんには小・中・高の12年間を通してどのような人間に成長してほしいですか。
・家庭での父親としての役割は何ですか。
・子育てで大切にしていることは何ですか。

母 親

・お子さんが最近できるようになったことは何ですか。
・お子さんをどのようにしかりますか（ほめますか）。
・お子さんをほめるのはどのようなときですか。
・学校と家庭との教育（しつけ）の違いはありますか。

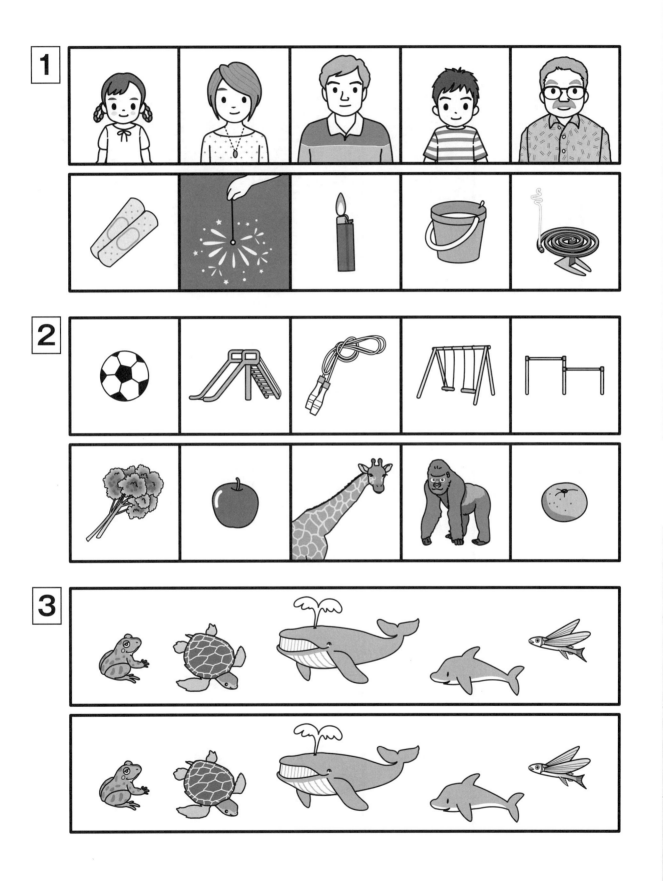

10

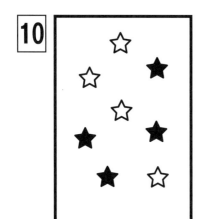 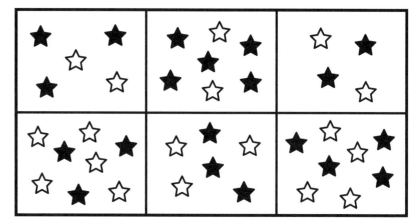

11

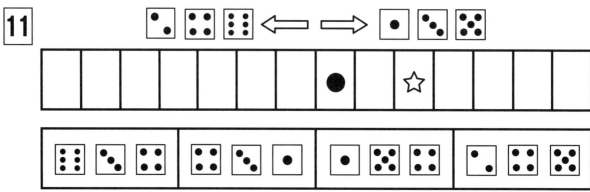

12

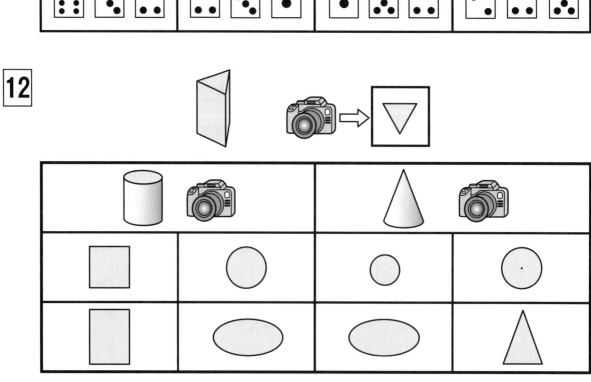

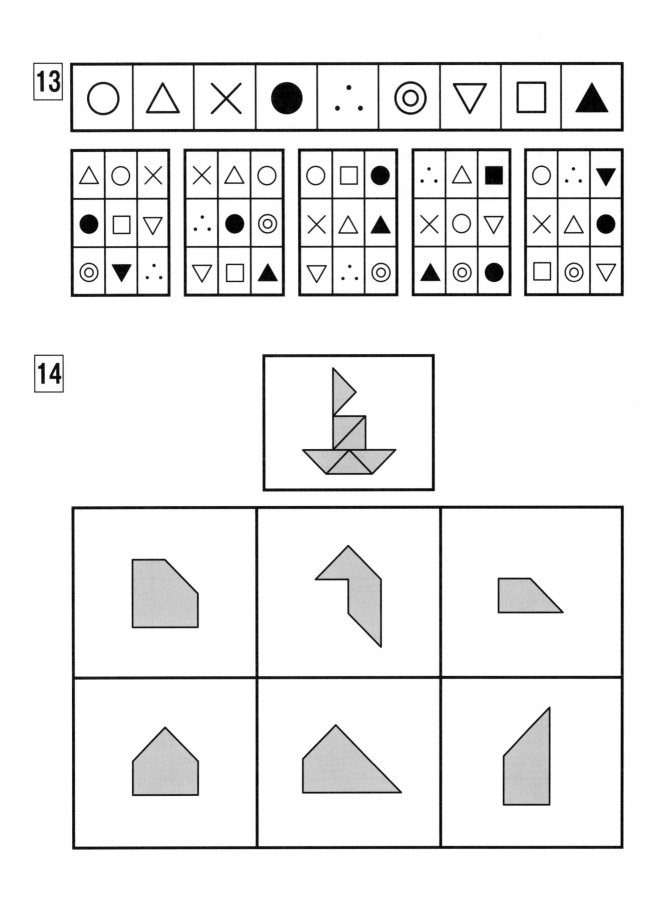

15

16

17

◎	□	×	△	×	□	◎	△	□	×
×	△	□	◎	×	△	□	◎	×	△
□	◎	×	□	△	◎	×	□	△	◎
△	□	◎	×	□	△	◎	△	×	□
□	◎	×	◎	△	×	□	×	△	◎
◎	□	△	□	×	◎	△	◎	□	△
△	×	◎	△	□	×	◎	×	×	□
×	△	□	◎	△	□	□	△	◎	×
◎	×	△	□	×	△	◎	□	△	◎
□	△	×	◎	□	△	×	◎	□	△

18

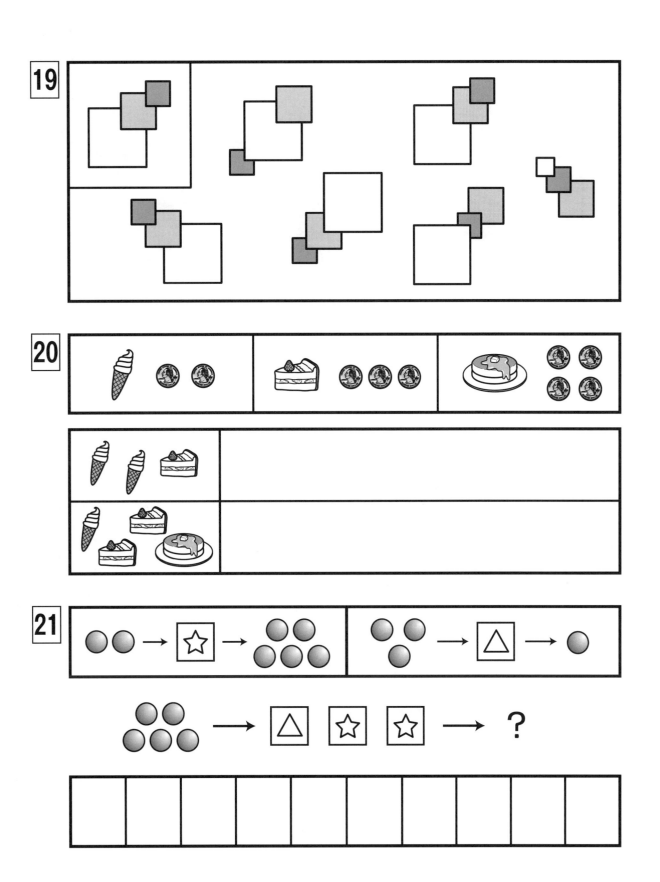

22

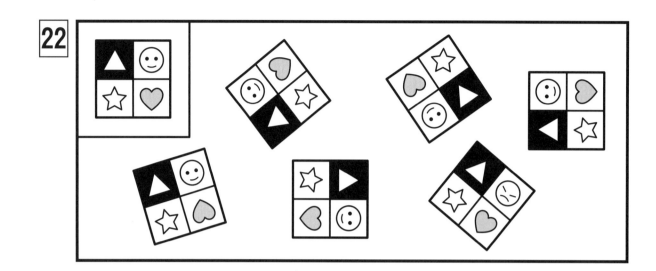

23

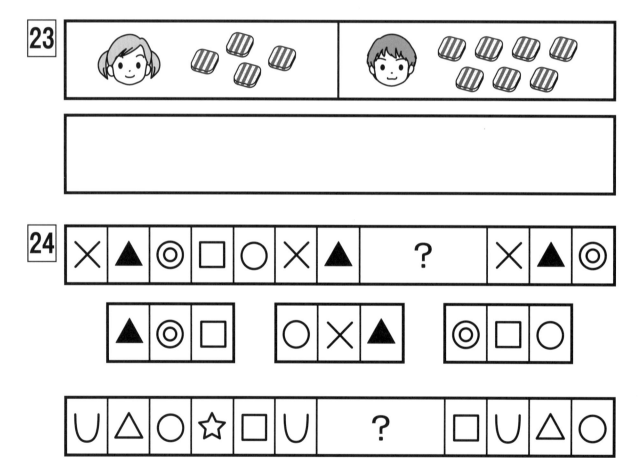

25

—A

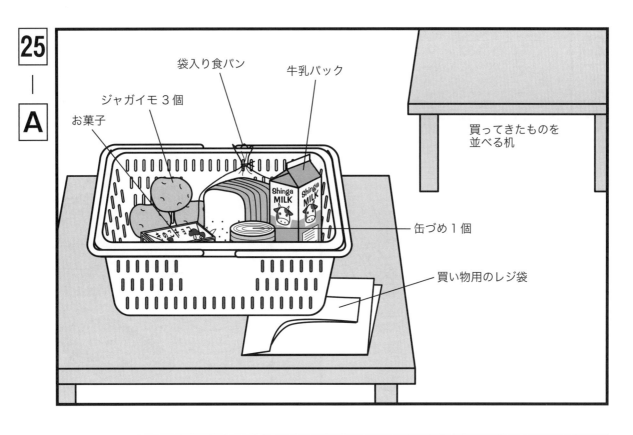

お菓子
ジャガイモ 3 個
袋入り食パン
牛乳パック
買ってきたものを
並べる机
缶づめ 1 個
買い物用のレジ袋

B

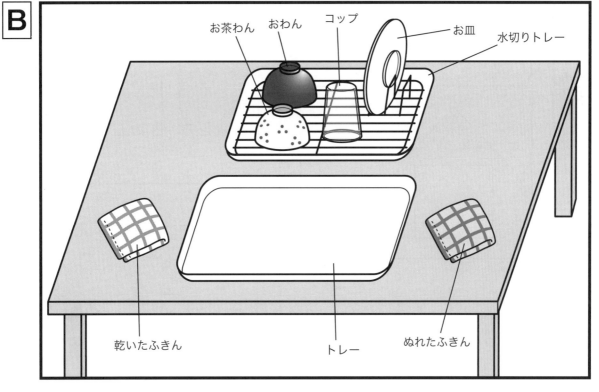

お茶わん
おわん
コップ
お皿
水切りトレー
乾いたふきん
トレー
ぬれたふきん

25

C

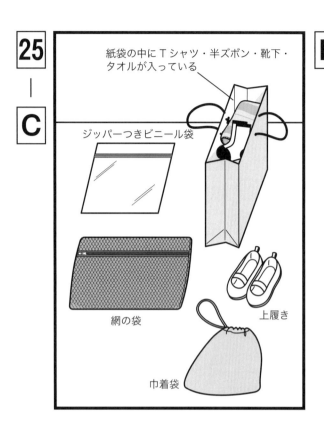

紙袋の中にTシャツ・半ズボン・靴下・タオルが入っている

ジッパーつきビニール袋

網の袋

上履き

巾着袋

D

ラップがかかっている

はし箱とはし

おかず用のケース（シリコン製）

お弁当箱

お弁当箱用の巾着袋

お弁当箱のふた

26

A

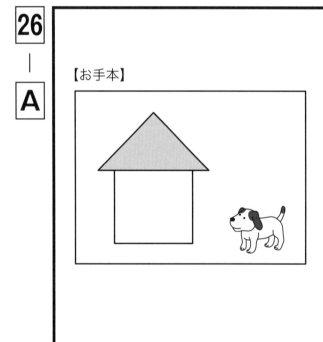

【お手本】

〈正方形の付箋紙 2 枚〉

〈台紙〉

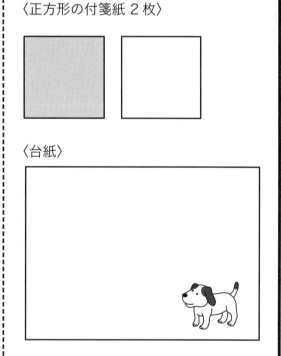

**26
－
B**

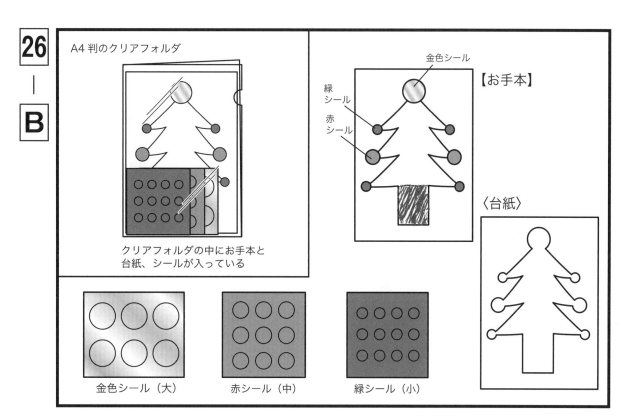

A4 判のクリアフォルダ

クリアフォルダの中にお手本と
台紙、シールが入っている

金色シール

緑
シール

赤
シール

【お手本】

〈台紙〉

金色シール（大）　　　赤シール（中）　　　緑シール（小）

27

2017 早稲田実業学校初等部入試問題

■ 選抜方法

| 第一次 | 考査は1日で男子から先に実施。生年月日順（男女ともに年長者から）で指定された日時に、受験番号順に5人グループでペーパーテスト、個別テスト、集団テスト、運動テストを行う。第一次考査で男女合わせて210人を選出する。所要時間は約1時間。 |

| 第二次 | 第一次合格者を対象に2会場に分けて親子面接を行う。 |

考査：第一次

内容はグループによって異なる。

| ペーパーテスト | 筆記用具は赤鉛筆を使用し、訂正方法は // （斜め2本線）。出題方法は口頭。 |

1 話の記憶

「明日は遠足です。帰りの会で先生が、『遠足の準備はできましたか？』とみんなに聞きました。『はーい』と手を挙げて元気よくお返事をする子や、『まだでーす』と言う子がいます。先生はその様子を見て楽しそうに笑いながら、『お昼は山の上でみんなでお弁当を食べます。おやつは1人2つまで持っていってもいいですよ』と言いました。さとし君は、日曜日にお母さんとお買い物に行って買ってもらったアメとクッキーを思い浮かべました。みんなで分けっこしながら食べるのが、今からとても楽しみです。『水筒も忘れちゃ駄目なんだよね』と隣に座っていたゆきちゃんが先生に聞きました。先生は大きくうなずくと、『明日はとてもいいお天気になりそうですよ。今日は早く寝ましょうね』と言いました。次の日、さとし君が目を覚ますと、窓の外からヒバリの声が聞こえてきました。カーテンを開けると真っ青な空が目に飛び込んできて、さとし君はニッコリしました。リュックサックを背負って、帽子をかぶって、さあ遠足に出発です」

・さとし君が遠足で行く場所に○をつけましょう。
・さとし君が持っていかなかったもの2つに○をつけましょう。

2 話の記憶

「ゆうと君は、お父さんとお母さんの3人で動物園にやって来ました。ゲートをくぐると、目の前に大きなゾウがいてお出迎えをしてくれました。長い鼻で器用に草をつかみ、口へ

と運んでいます。しばらくじっと見ていると、『ゆうと、あっちを見てごらん』とお母さんが肩をたたきました。指さされた方を見ると、親子のシマウマが柵の中で楽しそうに走り回っています。ゆうと君はお父さんとお母さんの手を片方ずつ握って、満足げに『ふふん』と鼻を鳴らしました。3人で手をつないでお昼寝をしているライオンの様子を見ていると、『そろそろお昼ごはんにしようか』とお父さんが言いました。お昼ごはんは、ゆうと君がお母さんと一緒に作ったサンドイッチです。玉子とレタス、ハムとチーズ、ツナマヨネーズのものもあります。とてもおいしくて、ゆうと君は5つも食べてしまいました。『これね、お母さんが切ったんだよ』と言って、ウサギの形に切ったデザートのリンゴをゆうと君が食べていると、ポツリポツリと雨が降り始めました。傘を持ってくるのを忘れてしまったので、車に戻って雨がやむのを待つしかありません。車の中で、お昼ごはんを食べる前に見た動物たちの話をしていると、まもなく雨があがりました。ゆうと君は動物園に戻って、ウサギを見に行きました」

・ゆうと君がお弁当を食べる前に見た動物に○をつけましょう。
・ゆうと君たちが動物園に持っていくのを忘れたものに○をつけましょう。

3 話の記憶

「まさと君はお父さんとお母さんと妹の4人で水族館に行きました。入ってすぐのところは磯のコーナーで、いろいろな色や大きさのカニがいました。カニは砂の中からひょっこり顔を出してはチョコチョコと横歩きをして、また砂の中に隠れたりしています。次のコーナーは海の生き物でした。お父さんに呼ばれて大きな水槽の前に行くと、大きなマグロが悠々と泳いでいます。『マグロは生きている間中ずっと休まずに泳いでいるんだよ』とお父さんが教えてくれました。『あの魚は？』『こっちの魚は？』と、まさと君とお父さんが夢中になってお話をしていると、お母さんが『そろそろイルカのショーの時間よ』と教えてくれたので、みんなで大急ぎで会場に行きました。イルカたちはたくさんの観客の前で、水しぶきをはねながら元気いっぱい演じてくれました。最後にまさと君はサメのぬいぐるみを買ってもらって、大切に抱いて帰りました」

・マグロの水槽のところにまさと君を呼んでくれた人に○をつけましょう。
・まさと君たちが見なかった生き物2つに○をつけましょう。

4 話の記憶

「ゆみちゃんがお部屋でお絵描きをしていると、お母さんが来て『今日の夕ごはんは何が食べたい？』と聞きました。『カレーライスがいいな』と答えると、『おじいさんにもらったおいしいジャガイモがあったわね。じゃあカレーライスにしましょう。ニンジンとお肉を買ってきてくれる？』とお母さんに頼まれました。ゆみちゃんが『はーい』と元気よく

返事をして靴を履いていると、キッチンからお母さんが『昨日全部使っちゃったから、タマネギも一緒に買ってきてちょうだい』と言いました。ゆみちゃんは『わかった』とうなずきスーパーマーケットに向かいました。スーパーマーケットではおじさんがカレーのルーを買っていたので『おじさんもカレーにするの？』と聞くと、おじさんはニコニコ笑っていました。お家に帰ると、ゆみちゃんはニンジンを買い忘れたことに気がつきました。お母さんは、『しょうがないわね。今日の夕ごはんはハンバーグにしましょうね』と言いました。ゆみちゃんはお肉を混ぜたり丸めて形作ったりして、お母さんのお手伝いをしました」

・ゆみちゃんの今日の夕ごはんに○をつけましょう。
・お母さんに買ってくるように言われたものに○をつけましょう。

5 話の記憶

「今日は動物たちの運動会です。赤、青、黄色、緑の４チームに分かれて、大接戦がくり広げられています。次の種目はかけっこです。観客席から見て右から順番に、１コースにはキリンさん、２コースにはウマさん、３コースにはサル君、４コースにはネコさんが並びました。『ヨーイ、スタート！』というニワトリさんの合図でみんな一斉に走り出しました。最初にリードしたのはネコさんです。しかし応援していたカバさんが持っていたサンマを見つけると、思わずコースを外れてしまいました。レースの中盤、サル君が後ろの２頭をぐんと引き離しましたが、『やったー、僕が１位だよ！』と自信満々に後ろを振り返ったとたんに足元のバナナの皮を踏んですべって転んでしまいました。そのすきに横を駆け抜けていったのが、ウマさんとそのすぐ後を追いかけるキリンさんです。そのままゴールするかと思われましたが、長い首を目いっぱいに伸ばして、最後はキリンさんが優勝しました」

・最後にキリンさんに抜かされた動物に○をつけましょう。
・観客席から見たスタートのときの動物たちの正しい並び順に○をつけましょう。

6 話の記憶

「みさきさんはお父さん、お母さん、そしてお姉さんの４人で夕ごはんを食べていました。『このキノコはなあに？』とみさきさんが聞くと、『それはマツタケよ。おじいさんが裏山で採ったものを送ってくれたのよ』とお母さんが教えてくれました。『おじいさんの山でマツタケが採れるの？』とお姉さんが言い、『キノコってどんなふうに生えているのかな？』とみさきさんも言いました。すると、話を聞いていたお父さんが『そうだ、明日、みんなでキノコ狩りに行こう』と提案しました。夕ごはんを終えると、みさきさんはさっそく明日の準備をしました。リュックサックの中にスケッチブックとクレヨンを入れてい

ると、お父さんが『山のお天気は変わりやすいから、レインコートを忘れないで』と言いました。『明日は早起きして、お弁当を作りましょう』とお母さんも言いました。みさきさんはお姉さんと一緒にお風呂に入ってお布団に入ると、すぐに眠ってしまいました。次の朝、起きると秋晴れのよいお天気です。おやつのチョコレートを持って、楽しいキノコ狩りに出発です」

・キノコ狩りに一緒に行かなかった人に○をつけましょう。
・みさきさんが持っていかなかったものに○をつけましょう。

7 話の記憶

「ゆめちゃんはお母さんと一緒に、お友達のひかりちゃんとひかりちゃんのお母さんと駅で待ち合わせをして、電車に乗って公園に遊びに行きました。公園に着くと、大きなすべり台の周りに男の子たちがいっぱいいました。ゆめちゃんたちはまず大好きなブランコに乗りました。何度も漕いで大きく揺らして遊んでいると、男の子たちがサッカーを始めました。ゆめちゃんは『ひかりちゃん、すべり台で遊ぶチャンスだよ』と誘って、かわるがわる何回もすべりました。もう1回すべろうかなと考えていると、お母さんが『逆上がりはできるようになったの？』と聞いたので、ゆめちゃんは『まだできないよ』と答えました。『じゃあ、わたしが教えてあげるよ』とひかりちゃんが言い、2人は鉄棒で逆上がりの練習をしました。夢中になって練習していると、ひかりちゃんのお母さんの呼ぶ声がします。どうやらお昼ごはんのようです。一緒にベンチでお弁当を食べ終わると、ちょうど男の子たちがオニごっこを始めました。ゆめちゃんとひかりちゃんは顔を見合わせてうなずき、『まぜて！』と言ってオニごっこに加わりました。それから夕方までみんなでいろいろな遊びをして、その後はバスに乗って帰りました」

・ゆめちゃんが乗った乗り物に○をつけましょう。
・ゆめちゃんが公園で初めに遊んだものに○をつけましょう。

8 系列完成

・上の四角がお手本です。左端のアヒルからお手本の順番で下のマス目をくり返し進んだとき、星のところにくる生き物はどれですか。左下の3つの中から選んで○をつけましょう。

9 推理・思考

・上の四角の中に描いてあるコマをそれぞれ回します。回っているコマを上から見た様子に合うものを下から選んで○をつけましょう。

10 数量（対応）

・左のお花を右の花瓶に２本ずつ生けると、お花は何本余りますか。その数だけお花の下のマス目に○をかきましょう。

11 推理・思考（回転図形）

・上の旗を矢印の方向に２回回したときの様子に合うものを、下から選んで○をつけましょう。

12 系列完成

・ウサギとサルの絵が決まりよく並んでいます。空いているところに入る方にそれぞれ○をつけましょう。

13 数　量

・左と右の絵を比べて、数が少ない方の絵の上の四角に○をかきましょう。

14 推理・思考

・左の四角に描いてある絵がお手本です。絵が右の様子になったとき、足りないところを描き足しましょう。

15 点図形

・それぞれ上のお手本と同じになるように、下の四角の点を囲みましょう。

16 構　成

・上のお手本と同じ形を作るのに必要な形を下から選んで○をつけましょう。

17 推理・思考（重さ比べ）

・左のシーソーの絵を見て、一番重い生き物を右から選んで○をつけましょう。

18 数量（すごろく）

・ウサギがサイコロを振って２、４、６の目が出たときはその数だけ左に、１、３、５の目が出たときはその数だけ右に進みます。ウサギが今いるところから３回サイコロを振ると、すぐ上の四角にかいてある目が出てその数だけ進みました。ウサギが進んだマス目に○をかきましょう。

19 数　量

・上の四角の中の積み木の数を数えて、その数だけ下のマス目に○をかきましょう。

20 数　量

・上の段です。4つの四角の中にパンダが描いてあります。1つだけパンダの数が違う四角に○をつけましょう。下のペンギンの段も同じようにやりましょう。

21 推理・思考（回転図形）

・上の四角を見ましょう。左側のカードをクルッと回して、右側の色のついたところに入れると、中の形はどのようになりますか。下から正しいものを選んで○をつけましょう。中の形はかいていないところもあります。

個別テスト 1グループ全員で一度に行う。

22 生活習慣

巾着袋に入っている給食用のエプロンを着てそれぞれの課題に取り組み、終わったらエプロンを元のように戻す。（すべてのグループで共通）

Ⓐ
机の上にトレー、別の机の上に食器が用意されている。
・トレーのある机に食器を運んで、朝ごはんの準備をしましょう。

机の上にお茶わん、コップ、お皿、おわん、スポンジ、水の入った洗い桶、水切りカゴが用意されている。
・食事の後片づけをしましょう。食器をスポンジで洗って、カゴに入れてください。

Ⓑ
机の上にマジック、鉛筆3本、ステープラー(ホチキス)、セロハンテープ、クレヨン3本、ノート3冊、クレヨンの箱、筆箱などの文房具が散らばっている。トレーや巾着袋がある。
・机の上のものを片づけましょう。ステープラー（ホチキス）とセロハンテープは巾着袋に入れてください。

机の上が白い粉で汚れている。机の上には水の入った洗面器、机の中にはふきんが用意されている。いすの脚にロープが張られていて、洗濯ばさみがつけられている。
・机の上が汚れているので、ふきんでふきましょう。ふいたらふきんを洗い、いすのロープに干してください。

机の上にたくさんの本が散らばっている。

・机の上の本を棚に片づけましょう。

机の上にＡ４判のクリアフォルダとサイズの異なる４枚の紙が入ったトレー、机の中にオレンジ色のシールを貼った箱と青いシールを貼った箱が用意されている。
・クリアフォルダからはみ出さないように４枚の紙を中に入れましょう。入れたら、クリアフォルダを青いシールの箱に入れてください。

23 巧緻性

机の上に星と点線がかいてある用紙と台紙が重ねて置いてあり、トレーの中に鉛筆、スティックのり、つぼのり、新聞紙、おしぼりが入っている。
・星印から星印まで、点線を鉛筆でなぞりましょう。終わったら台紙にのりで貼ってください。貼るときは新聞紙を敷きましょう。

24 絵画（想像画）

クレヨン12色、画用紙が用意されている。考査日時によって課題は異なる。

・（大きな水槽を見ている親子の絵を見ながら）もしあなたが水族館の館長だったら新しい水槽に何を入れたいですか。入れた様子を描きましょう。

・（桃太郎と鬼ヶ島の絵を見ながら）あなたが桃太郎だったらお供には誰を連れていきたいですか。お供を連れている様子を描きましょう。

・（植木鉢と手のひらの上の種の絵を見ながら）お花の種を植木鉢にまいて育てました。どんなお花が咲くと思いますか。そのお花の絵を描きましょう。

・（魔法のじゅうたんとランプの精の絵を見ながら）あなたが魔法のじゅうたんに乗って行きたい場所の絵を描きましょう。

・（ドアの絵を見ながら）これはどこにでも行けるドアです。このドアを通ってあなたが行きたい場所の絵を描きましょう。

・（ふたをかぶせた鍋の絵を見ながら）夕ごはんができました。ふたを開けたら中身は何だと思いますか。その絵を描きましょう。

・（プレゼントの箱の絵を見ながら）箱の中には何が入っていると思いますか。その絵を描きましょう。

🔖 言　語

絵画の途中で「何を描いていますか」などの質問に答える。

📘 集団テスト

考査日時によって課題は異なる。

🔖 行動観察

・床に赤と青の線が引いてある。その2本の線を使った遊びをグループで相談して考えて、みんなで遊ぶ。

・床の上に、ひものついたフープが置いてある。フープの中に風船や三角の形をしたソフトブロックのようなものを置き、グループ全員で協力して、中に置いたものが外に出ないようにフープを引いて運び、コーンを回って戻ってくるゲームをする。1回目が終わったところで、どうすれば上手にできるかグループで相談して、2回目を行う。

・いろいろな大きさの箱がある。グループで遊び方を相談して決め、箱を使って遊ぶ。

・ピンポン球、ビーチボール、ゴムボール、ラグビーボール、ドッジボールなどが用意されている。グループで相談して一人ひとりが持つボールを決め、1人ずつ順番に自分のボールを両手で転がしてコーンを回り、戻ってきたら次の人に交代する。2回目はそれぞれ1回目とは違うボールを使う。

・「勇気100％」の曲に合わせて、グループのお友達と相談して自分たちで振りつけを決め、練習をして発表する。

・ブルーシートの上の動物のぬいぐるみ、パペット、おままごとセット、車や船のおもちゃなどで自由に遊ぶ。

・ジョイント式のウレタンマットを使って、カゴに入っているピンポン球を離れたところにある別のカゴまで運んで入れる。1回目が終わったところで、どうすれば一度にもっとたくさん運べるかを考えて、2回目を行う。

📘 運動テスト

考査日時によって課題は異なる。

■ 立ち幅跳び

その場から両足で踏み切り、幅跳びをする。

■ 模倣体操

テスターのお手本の通り、全身を大きく使ってリズムよくグーチョキパー、パーグーチョキ、パーグーチョキ、グーチョキパーを表現する。

考査：第二次

親 子 面 接

本 人

- ・お名前とお誕生日、住所を教えてください。（回答に応じて質問が発展する）
- ・今日は来る途中、お父さんやお母さんとどのようなお話をしてきましたか。
- ・お父さん、お母さんにどのようなときにしかられますか。
- ・お手伝いは何をしていますか。
- ・お母さんが大変だなと思うのはどのようなときですか。
- ・朝は何時に起きて、夜は何時に寝ていますか。
- ・好きな食べ物、嫌いな食べ物は何ですか。
- ・お家では嫌いな食べ物はごはんに出てきますか。
- ・どのような遊びが好きですか。
- ・スポーツは好きですか。
- ・好きな本は何ですか。
- ・好きなお友達の名前を教えてください。
- ・お友達とする遊びで好きな遊びは何ですか。
- ・お友達とけんかはしますか。
- ・大人になったら何になりたいですか。
- ・今一番欲しいものは何ですか。

父 親

- ・志望理由を教えてください。
- ・お子さんとの接し方や子育てはどうされていますか。
- ・お子さんが小学校に入ったらどのように育ってほしいですか。
- ・お子さんとの時間はどのようにとっていますか。

・お子さんを強く厳しくしかったことはありますか。それはどのようなときですか。

・休日は、お子さんとどのように過ごされていますか。

・趣味は何ですか。

母　親

・お子さんに嫌いなものを食べさせるためにどのように工夫していますか。

・お子さんのお手伝いは何か約束を決めていますか。

・通われている幼稚園（保育園）はどんな幼稚園（保育園）ですか。

・最近、お子さんが成長したと思ったことはどんなことですか。

・お子さんには卒業後にどのようになってほしいですか。

・子育てで大切にしていることは何ですか。

・子育てで苦労していること、工夫していることは何ですか。

・学校での悩みをお子さんから相談されたらどうなさいますか。

・もしお子さんがケガをしたら対応できるのはどなたですか。

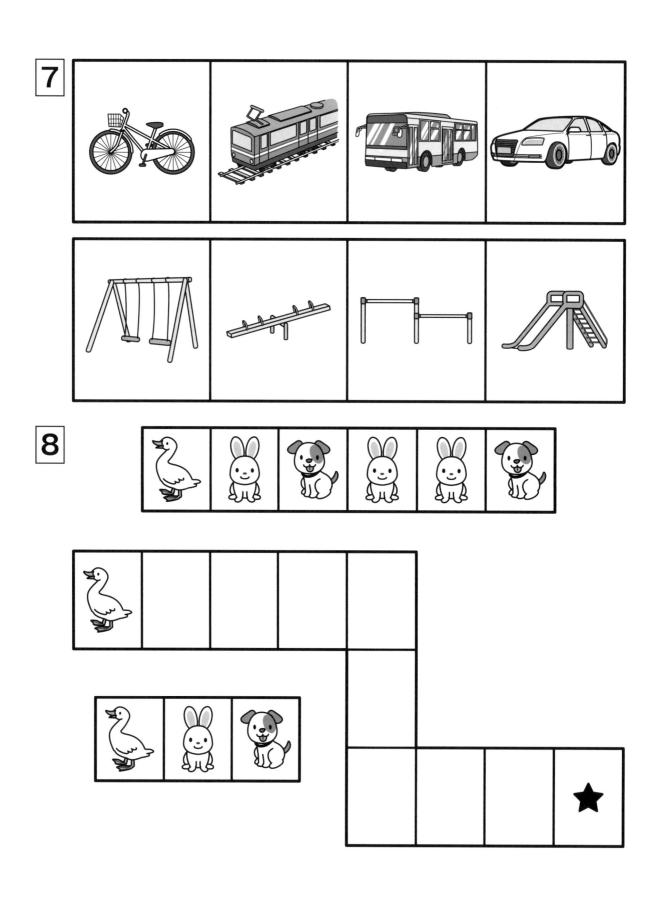

9

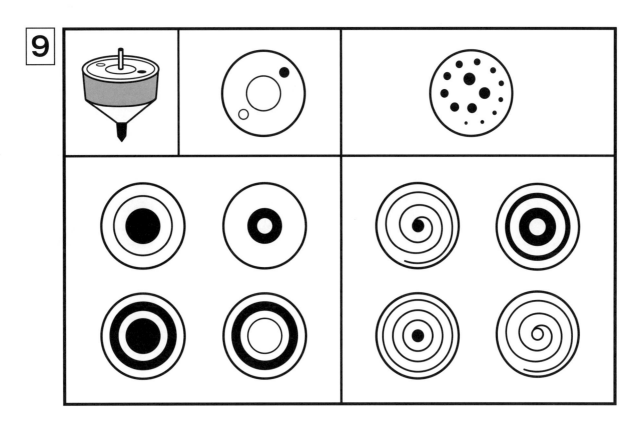

10

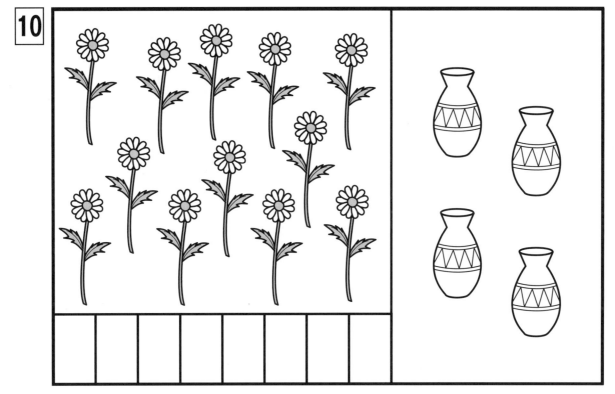

11

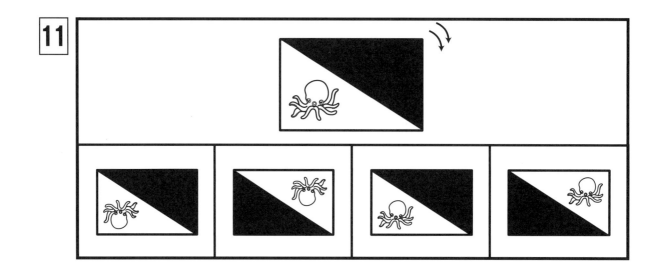

12

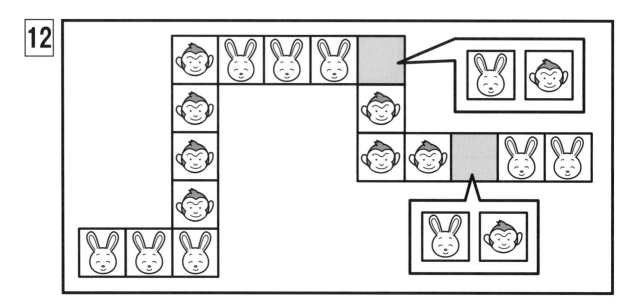

13

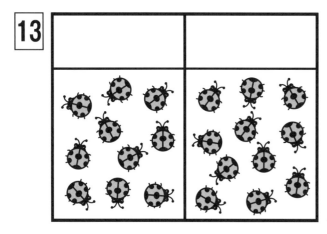 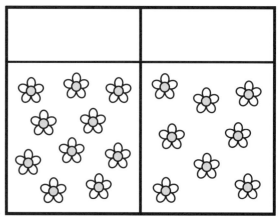

14

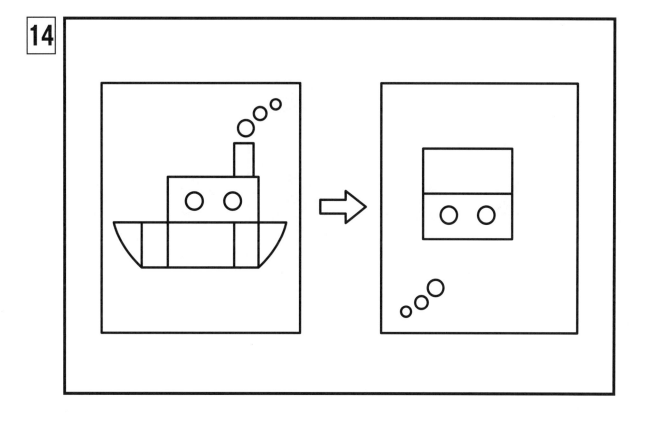

15

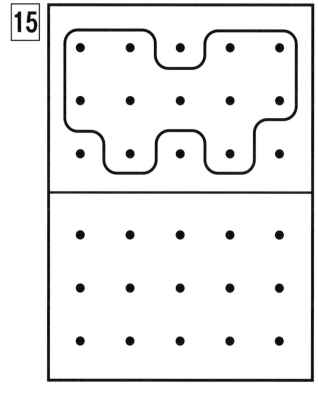
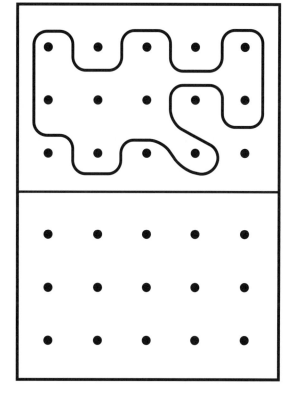

16

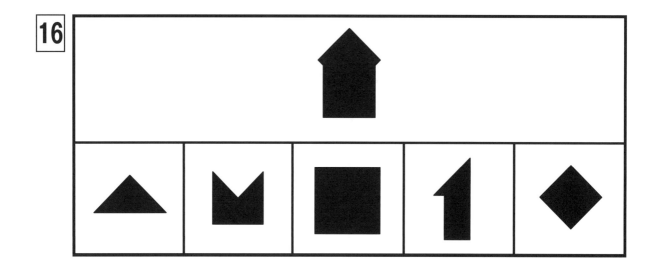

17

18

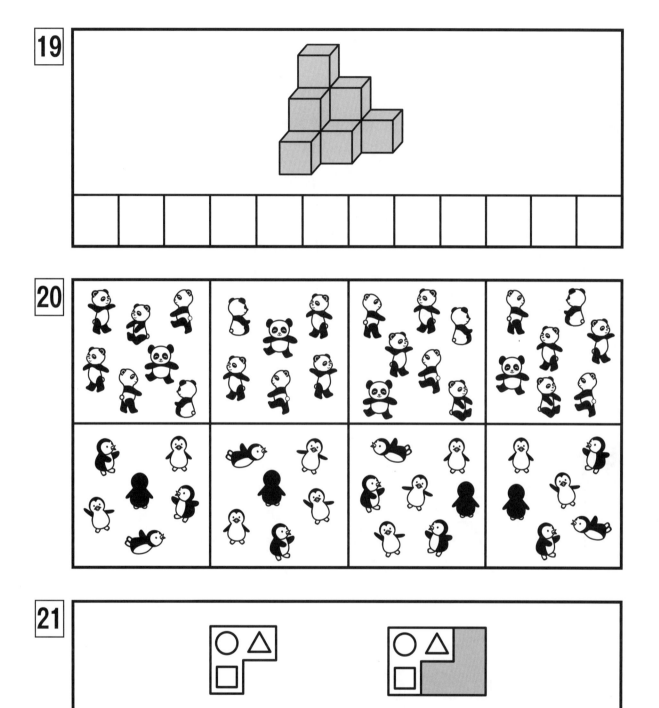

22 — A

B

23

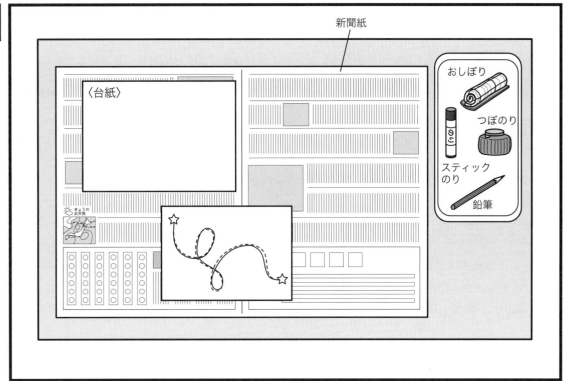

24

2016 早稲田実業学校初等部入試問題

■ 選抜方法

| 第一次 | 考査は1日で女子から先に実施。生年月日順（女子は年長者、男子は年少者から）で指定された日時に、受験番号順に5人グループでペーパーテスト、個別テスト、集団テスト、運動テストを行う。第一次考査で男女合わせて約180人を選出する。所要時間は約1時間。 |

| 第二次 | 第一次合格者を対象に2会場に分けて親子面接を行う。 |

考査：第一次

内容はグループによって異なる。

■ ペーパーテスト

筆記用具は赤鉛筆、青鉛筆を使用する（鉛筆の指示はグループによって異なる）。訂正方法は // （斜め2本線）。

1 話の記憶

「動物村の幼稚園では動物たちが元気に遊んでいます。園庭ではキリンさんとヒツジさんが縄跳びをしています。キリンさんは8回、ヒツジさんは12回跳ぶことができました。ウサギさんはブランコに乗って楽しそうに遊んでいます。ゾウさんは園庭の真ん中にある噴水で気持ちよさそうに水浴びをしています。しばらくするとパンダ先生が『皆さん、1つずつスコップを持って集まってください』と動物たちに声をかけました。動物たちはこれから何をするのかなとワクワクしながら噴水の近くに集まりました。『これからみんなで公園の花壇にお花の種や球根を植えに行きたいと思います』とパンダ先生が言いました。お花が大好きなウサギさんはとてもうれしそうにしています。『これからお花を植える場所の説明をしますから、よく聞いていてくださいね。まずチューリップの球根を植えてから、チューリップの左側にパンジー、花壇の一番左にスイートピー、スイートピーとパンジーの間にバラを植えてくださいね。みんなで協力して植えましょう』とパンダ先生が言いました。動物たちはみんなで相談をしてお花の種や球根を植えました。お花が咲くのがとても楽しみな動物たちでした」

・縄跳びをして遊んでいた動物に赤で○をつけましょう。
・花壇の一番右側に植えたお花は何でしたか。合う絵に赤で○をつけましょう。

2 話の記憶

「たろう君はお母さん、お父さん、妹のはなこさん、おばあさんと一緒に近所の公園の盆踊りに出かけました。公園はたくさんの人であふれていてとてもにぎやかでした。まず初めにヨーヨー釣りに行きました。たろう君はとても上手でヨーヨーを2つ釣ることができました。はなこさんは1つも釣れなかったのでたろう君が1つあげました。その様子を見ていたお父さんが『えらかったね』とたろう君をほめて、2人にわたあめを1つずつ買ってくれました。次にキンギョすくいに行くとたろう君は3匹もキンギョをすくうことができましたが、はなこさんは1匹もすくえませんでした。たろう君がキンギョを2匹はなこさんにあげたので、お父さんがごほうびに射的をやらせてくれました。よくねらいましたが1回も当たらなかったので、たろう君はがっかりしました。その様子を見ていたおばあさんが、たろう君とはなこさんに『踊りに行きましょう』と声をかけて誘いました。2人とも元気よく盆踊りを踊ったので汗が出てきました。おばあさんが『それじゃあ、かき氷屋さんに行きましょう』と言ったので、たろう君とはなこさんはイチゴ味のかき氷を買ってもらいました。ひんやりして、とてもおいしいかき氷でした」

・たろう君が行っていないお店の絵に赤で○をつけましょう。
・盆踊りに行ったたろう君の家族が描いてある絵に赤で○をつけましょう。

③ 話の記憶

「ある晴れた朝、1羽の小鳥が木にとまっていました。小鳥があたりを見回すと、1軒のお家の中ではなこさんとお母さんがお昼ごはんに何を作るのか相談している様子が見えました。はなこさんとお母さんはハンバーグにするか、オムライスにするか、それともカレーライスにするか迷っていました。はなこさんが『カレーライスにしたい』と言ったのでカレーライスに決まりました。冷蔵庫の中を見ると料理に足りないものがあったので、はなこさんはお母さんにお使いを頼まれました。はなこさんは買い物カゴを持って駆け足でお使いに出かけました。小鳥も散歩に行こうと思い、公園の方まで飛んでいきました。すると公園ではけんた君とはなこさんが砂場で遊んでいて、何を作るか相談をしていました。けんた君が『船を作ろう』と言いましたが、はなこさんが『お城にしましょう』と言ったのでお城を作ることになりました。2人で力を合わせてお城はできあがりましたが、『お使いの方はだいじょうぶかなあ』と小鳥は少し心配になりました。しばらくして小鳥がお家に帰ろうと空を飛んでいると、はなこさんがお家に帰っていく姿が見えました。『無事にお使いをしたんだな』と小鳥は安心しました」

・はなこさんとお母さんがお昼ごはんに作ると決めたものに赤で○をつけましょう。
・小鳥が見たものに赤で○をつけましょう。

④ 話の記憶

「今日は楽しみにしていた旅行の日です。いなほ君はウキウキしてとても早起きをしてしまいました。弟のなおき君はまだ寝ていたので、いなほ君が起こしてあげました。お父さんとお母さん、いなほ君、なおき君、田舎から遊びに来ているおじいさん、おばあさんと一緒に車で旅行に出かけます。お父さんの運転で出発です。初めに森の中にある公園に向かいました。木でできたすべり台やブランコがあり、いなほ君となおき君は思いきり遊びました。気がつくと２人とも泥だらけになっていたので、すぐにホテルに向かうことにしました。ホテルに行く道では、おばあさんが運転をしました。途中でおなかがすいたので、サービスエリアにあるすてきなレストランでみんなでハンバーグを食べました。ホテルに着くとお父さんとおじいさんは疲れたのでお部屋で休むと言いました。いなほ君となおき君は泥だらけだったので、お母さんとおばあさんと一緒にお風呂に行きました。お風呂はとても広くて、露天風呂という名前の外にあるお風呂もありました。露天風呂に入っていると空から葉っぱが落ちてきて、お風呂にプカプカ浮かびました。なおき君が『この葉っぱ、何だっけ』と聞くと、『赤いのがモミジで黄色いのはイチョウよ』とお母さんが教えてくれました」

・一緒にお風呂に入らなかった人の絵に赤で○をつけましょう。
・お話に出てきたものすべてに青で○をつけましょう。

5　話の記憶

「明日はお休みなので、晴れていたら動物園に遊びに行く予定です。動物園は外にあるので雨が降ったときのことを考えて、よしお君はかばんに折りたたみ傘を入れました。明日の天気が気になって、よしお君がテレビで天気予報を見ていると『明日は曇りのち雨』と言っていたので少し心配になりました。明日は晴れになってほしいと思ったよしお君は、てるてる坊主を作って窓のところにかけることにしました。心配そうにしているよしお君にお父さんが『もし明日雨だったら水族館に行こう』と言ってくれました。水族館も好きだけれどどうしても動物園に行きたいよしお君は、明日は晴れてくれますようにとお祈りしながら眠りました。次の朝、よしお君はカーテンのすき間から入る太陽の光で目が覚めました。よしお君たちは、今日はどこにお出かけするのでしょうね」

・今日お出かけしたよしお君が見たと思うものに青で○をつけましょう。
・よしお君が前の日に準備をしたものに青で○をつけましょう。

6　話の記憶

「川の近くにはアシカさん、カメさん、カニさん、ワニ君、そしてサイさんが集まっています。みんなで今日は何をして遊ぶのか相談をしています。カメさんは『だるまさんがころんだをしよう』とみんなに言いました。だってカメさんはじっとしているのが得意です

からね。アシカさんは泳ぎが速いので『オニごっこをしよう』と言いました。みんな賛成したので水の中でオニごっこをすることになりました。初めのオニはサイさんです。大きな体ですが水の中に入ると足をバタバタ動かして一生懸命泳ぎ、アシカさんを捕まえました。今度はアシカさんがオニの番です。アシカさんはスイスイ泳いで、一生懸命逃げていたカニさんを捕まえました。今度はカニさんがオニの番です。カニさんはたくさんの足を動かして必死に追いかけましたが、誰も捕まえることができません。誰も捕まえられないのでだんだんと寂しい気持ちになっていたカニさんに、ワニ君が話しかけました。『僕の背中に乗ってみんなを捕まえにいこうよ』。『ワーイ』とカニさんは、ぴょんとワニ君の背中に飛び乗って、あっという間にサイさんを捕まえました。カニさんは協力してくれたワニ君に『どうもありがとう』と言いました。『みんなで仲よく遊べて今日も楽しかったね』とカメさんが言いました」

・オニごっこをしようと言った生き物に赤で○をつけましょう。
・カニさんは誰にありがとうと言いましたか。その生き物に赤で○をつけましょう。

7 話の記憶

「今日は動物たちが公園で遊んでいます。キツネさんとクマさん、ヒツジさんが砂場で遊んでいると、ゾウ君とキリンさんが後からやって来ました。するとゾウ君が『鉄棒に誰が最後までぶら下がっていられるか競争をしよう』と言ったので、みんなで鉄棒のところへ行きました。『ヨーイ、スタート』の合図でみんなで一斉にぶら下がりました。初めにクマさんがくしゃみをして落ちてしまいました。次にキツネさんが笑って落ちてしまいました。その後、ヒツジさんはゾウ君に負けて、ゾウ君はキリンさんに負けてしまいました。競争が終わるとクマさんとキリンさんのお母さんが迎えに来たので、キツネさんとゾウ君とヒツジさんだけになってしまいました。今度はみんなでドングリ拾いをすることにしました。『僕が一番少ないなあ』とゾウ君は少し残念そうです。ヒツジさんは一番多くドングリを拾ったので、先に帰ったクマさんとキリンさんに分けてあげようと、みんなでクマさんとキリンさんのお家に届けに行きました。ヒツジさんが自分の拾ったドングリを分けてあげたので、最後に一番ドングリが多くなったのはキツネさんで、ヒツジさんは2番目になりました。せっかくドングリを拾ったので、キツネさんとゾウ君もヒツジさんのお家に行き、みんなでドングリのコマを作ることにしました」

・一番初めに鉄棒から落ちた動物に赤で×を、最後までぶら下がっていた動物に赤で○をつけましょう。
・最後に一番ドングリを多く持っていた動物に赤で○、拾ったドングリが一番少なかった動物に×をつけましょう。

8 **推理・思考（重さ比べ）**

・上の四角を見ましょう。白丸、二重丸、四角、黒丸が載った４つのシーソーがあります
ね。このようなお約束のとき、下の四角の中で正しいシーソーはどれですか。青で○を
つけましょう。

9 **推理・思考（比較）**

・たくさんの四角が並んでいます。黒いところと白いところが同じ広さの四角に赤で○を
つけましょう。

10 **数量（マジックボックス）**

・星のトンネルを通ると２つ丸が増えます。バツ印のトンネルを通ると１つ丸が減るお約
束です。では、左のマス目にかかれた丸は、お約束通りトンネルを通るといくつになり
ますか。右のマス目に赤で○をかきましょう。

11 **数量（対応）**

・チョウチョがチューリップに１匹ずつとまります。とまることができないチョウチョは
何匹ですか。その数だけ右側のマス目に青で○をかきましょう。

12 **数量（対応）**

・上の長四角を見ましょう。動物たちがそれぞれの絵の場所を通ると、絵の下の数だけコ
インがもらえるお約束です。それぞれの動物が右の絵の場所を通ったとき、動物たちは
いくつコインをもらえますか。その数だけ点線の丸を赤でなぞりましょう。

13 **構　成**

・上の４つの三角を使ってできる形を下から選んで、青で○をつけましょう。

14 **系列完成**

・左の四角の中に形が決まりよく並んでいます。空いているところに入ると思う形を右側
から選んで赤で○をつけましょう。

個別テスト　　１グループ全員で一度に行う。

15 **巧緻性**

各自の机の上にモールで作った３種類のお手本と、箱の中にモールとボールペン、つぼの

り、セロハンテープ、ステープラー（ホチキス）がある。

- お手本と同じものを作りましょう。必要な道具があれば使ってよいですよ。お手本には触らないでください。

16 巧緻性・生活習慣

机の上が絵の具のようなもので汚れている。机の上にはぞうきん、水の入った洗面器、ティッシュペーパーが用意されている。机の脇にはゴミ箱が置いてある。

- 机が汚れているのでぞうきんでふきましょう。ふいたらぞうきんをすすぎ、絞ってたたんで机の上に置いてください。ティッシュペーパーは必要があれば使ってもよいです。

17 巧緻性・生活習慣

机の上にラップ、水の入ったペットボトル（500ml）、ペーパータオル、おわんが浮いている水の入った洗面器が用意されている。

- おわんを取り出してふいてから、ペットボトルの水をおわんに入れて、ラップでおわんにふたをしましょう。

◤ 巧緻性・生活習慣

机の上におはし、お弁当箱、エプロン、バンダナ、豆が用意されている。口頭のみの指示で、お手本はない。

- エプロンをつけて、ひもを体の前でチョウ結びにしましょう（体の後ろで結んだグループもある）。コップの豆をおはしでお弁当箱に移してからバンダナでお弁当箱を包んでください。終わったら、エプロンを脱いでたたみましょう。

机の上にTシャツ、長ズボン、裏返しになっている靴下、ハンカチ、巾着袋が用意されている。テスターから口頭のみの指示がある。

- 明日遠足に行くので、置いてあるものをたたんで準備をしてください。たたんだら巾着袋にしまい、ひもを締めて、ひもをチョウ結びにしましょう。

机の上に大小の紙風船が1つずつ、モール1本、ビニール袋1枚が用意されている。テスターから口頭のみの指示がある。

- 紙風船をふくらませましょう。小さい紙風船はビニール袋に入れて、ビニール袋の口をモールで留めてください。大きい紙風船はつぶしてたたみましょう。

机の上に空のプラスチックのコップ3個、水の入ったペットボトル（500ml）、トレー、おしぼり、ストロー3本が用意されている。

・ペットボトルの水を3個のコップに高さが同じになるように分けましょう。その後ストローをコップに挿して、トレーを使ってコップを後ろの机まで運んでください。できたらおしぼりで机をふきましょう。

18 絵画（想像画）

クレヨン（12色）を使用する。

A
島と海が描かれた台紙が配られる。

・女の子が島に取り残されてしまいました。あなたならその島からどうやって帰りますか。その様子を描きましょう。

B
穴にボールが落ちた様子が描かれた台紙が配られる。

・女の子がボールを穴の中に落としてしまいました。あなたならどうやってボールを取りますか。その様子を描きましょう。

C
スーパーマーケットのカゴの絵が描かれた台紙が配られる。

・お母さんが風邪を引いたので、女の子がお母さんのためにスーパーマーケットに買い物に行きました。あなたなら何を買って帰りますか。その様子を描きましょう。

D
風船が木に引っかかっている絵が描かれた台紙が配られる。

・風船が木に引っかかりました。どうしたら取れるか考えてその様子を描きましょう。

E
大きなたき火の絵が描かれた台紙が配られる。

・キャンプに行って、お父さんとお母さんがいない間にたき火の火が大きくなりすぎてしまいました。あなたならどうしますか。その様子を描きましょう。

絵画（課題画）

クレヨン（12色）を使用。画用紙が配られる。

・指にけがをしてしまっているお友達と公園で遊ぶとしたら何をして遊びますか。その様子を描きましょう。

・足にけがをしてしまっているお友達と公園で遊ぶとしたら何をして遊びますか。その様子を描きましょう。

言　語

絵画の途中で「何を描いていますか」「絵を描くのは好きですか」などの質問に答える。

（答えた内容に対し、さらに発展した質問をされる場合もある）

集団テスト

行動観察

- グループで円になって1つの風船を落とさないように手でつきながら回していき、風船を1周させるゲームをする。1回目が終わったところで、どうすれば上手にできるかみんなで考えて、2回目を行う。

- 向かい合う場所に置いてあるいくつもの風船とピンポン球を入れ替えるゲームをする。ピンポン球と風船は布の上に載せて運ぶ。風船やピンポン球を布の上に載せるときと、落としたときは手を使ってもよいが、運んでいる最中は手で触ったり押さえたりしてはいけない。すべて入れ替え終わったらおしまい。1回目が終わったところで、どうすれば上手にできるかを考えて、2回目を行う。

- 各グループに大きいボール1個と何個かの小さいボールが用意されている。大きいボールに小さいボールを当てながら、ゴールラインまで転がすゲームをする。大きいボールに当てて床に転がった小さいボールはみんなで片づける。1回目が終わったところで、どうすれば上手にできるかを考えて、2回目を行う。

- スプーンを使用して、ピンポン球を1個ずつ向こう側にあるカゴに運ぶゲームをする。次の人に交代をするときにはタッチをする。1回目が終わったところで、どうすればもっと速くできるかみんなで考えて、2回目を行う。

- マットの上にクマ、カニ、カエル、ウサギ、イモムシなどの生き物のカードが置いてある。誰が何に変身するか相談をし、決まったら変身ごっこをする。1回目が終わったところで次の変身について相談し、2回目を行う。

- 子どもたちは全員ヤギの役になり、テスターが太鼓を10回たたいている間に床の上のフープに入るゲームを行う。フープは大、中、小の大きさがあり、いくつか置かれている。これを何度かくり返すが、1回終わるたびにどんどんフープの数が減らされていく。途中で全員がフープに入るにはどうすればよいか相談をする時間がある。

- 「おもちゃのチャチャチャ」の曲に合わせてテスターのまねをして歌って踊る。その後グループのお友達と相談をして自分たちで振りつけを決め、練習をして発表する。

運動テスト

■ 連続運動

テスターの後に続いて１列になり、同じグループのお友達と一斉に行う。

スタートからスキップ→輪の中をケンケンパーケンケン→平均台（６段）を渡る→マットの上に飛び降りる→指示された場所に並ぶ。

■ 片足バランス

目をつぶって10秒間片足バランスをする。

考査：第二次

親 子 面 接

本 人

・お名前を教えてください。

・住所を教えてください。

・幼稚園（保育園）の名前、担任の先生の名前を教えてください。

・幼稚園（保育園）にはどうやって行きますか。

・お家からこの学校までどうやって来ましたか。

・きょうだいの名前を教えてください。仲はよいですか。

・今日は来る途中、お父さんやお母さんとどのようなお話をしてきましたか。

・お父さんとは何をして遊びますか。

・お父さん、お母さんにどのようなときにほめられますか。

・お父さん、お母さんにどのようなときにしかられますか。

・電車に乗るときに定期券をなくしたらどうしますか。

・お手伝いは何をしていますか。大変だったことはありますか。

・お手伝いをしたら、お父さん、お母さんは何と言ってくれますか。

・最近１人でできるようになったことは何ですか。

・嫌いな食べ物が給食に出てきたらどうしますか。

・習い事は楽しいですか。

・幼稚園（保育園）では、どのような遊びをしますか。

・幼稚園（保育園）で楽しかったこと、うれしかったことはありますか。

・小学校に入学したら一番に何をしたいですか。
・今一番欲しいものは何ですか。

父　親

・志望理由を教えてください。
・数ある一貫校の中で、どのようなところを重視して本校を志望しましたか。
・早稲田実業学校への熱い思いを具体的に聞かせてください。
・早稲田実業学校の中等部、高等部のことは調べてきましたか。
・学校見学会に参加したときの印象をお話しください。
・最近お子さんが頑張っていると思ったことは何ですか。
・お子さんとどのようにかかわっていますか。
・お子さんをしかるとき、ほめるときはどのようなときですか。
・お子さんの長所と短所についてお話しください。
・子育てにおいて父親としての役割は何だと思いますか。
・お子さんには小・中・高12年間を通してどのような人間に成長してほしいですか。
・防災という観点で、通学についてどうお考えですか。
・お子さんが言うことを聞かないときはどうしますか。

母　親

・数ある私立学校の中で本校を選んだ理由は何ですか。
・お子さんのしつけについてどのように考えていますか。
・お子さんには将来どのような大人になってほしいですか。また、そのために何か言葉掛けをしていますか。
・小・中・高の12年間でどのような教育を本校に望みますか。
・お子さんには交通マナーをどのように教えていますか。
・お子さんはまだ甘えたい年ごろですが、そろそろ卒業してほしいと思う甘えは何ですか。
・普段お子さんとどのようにかかわっていますか。
・お子さんをしかるとき、ほめるときはどのようなときですか。
・子育てにおいて母親としての役割はどのようなことだとお考えですか。
・子育てで苦労していることはどのようなことですか。

面接資料／アンケート　考査日当日にアンケートを提出。

・併願校についてお聞かせください（約60校の学校が記載されており、番号に○をつける。合否に関係ないと明記されている）。

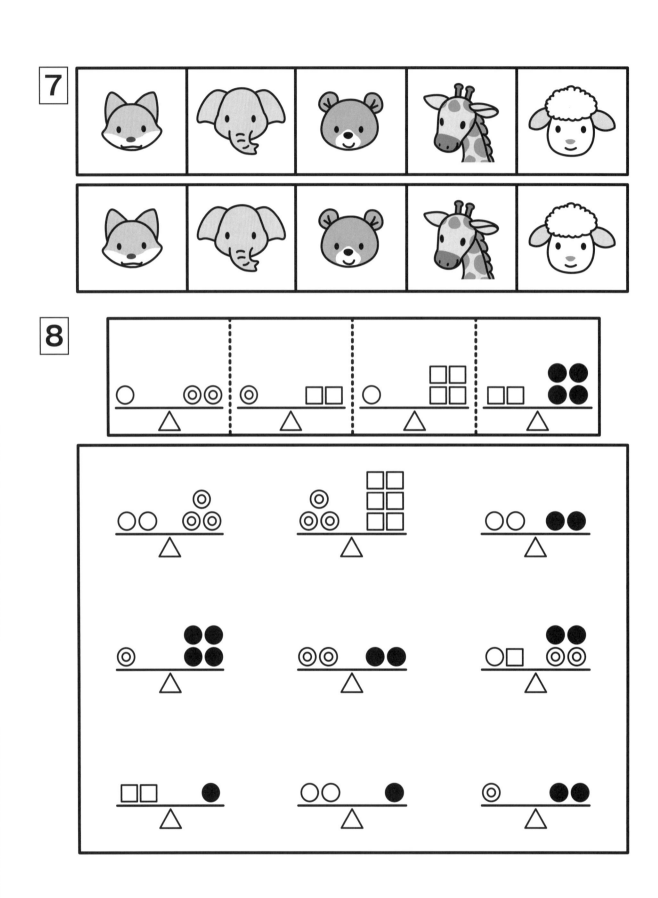

9

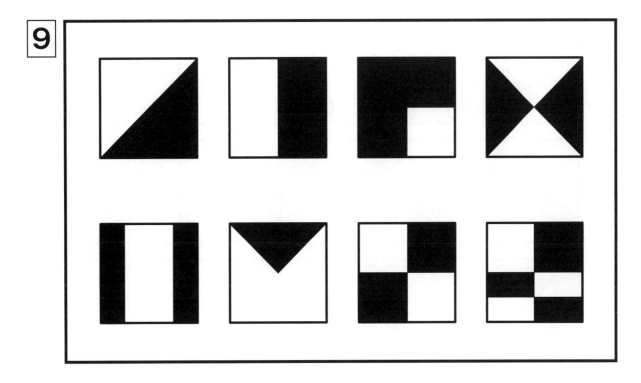

10

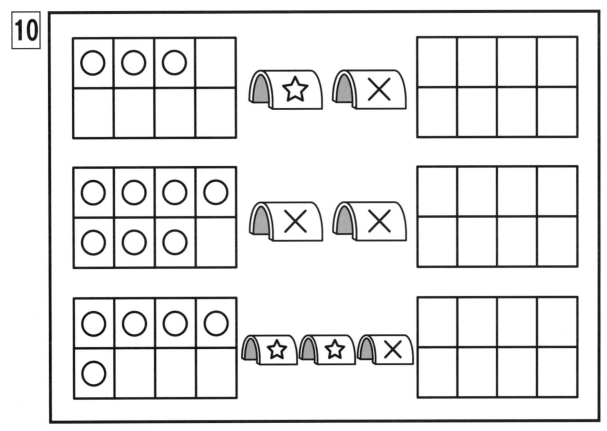

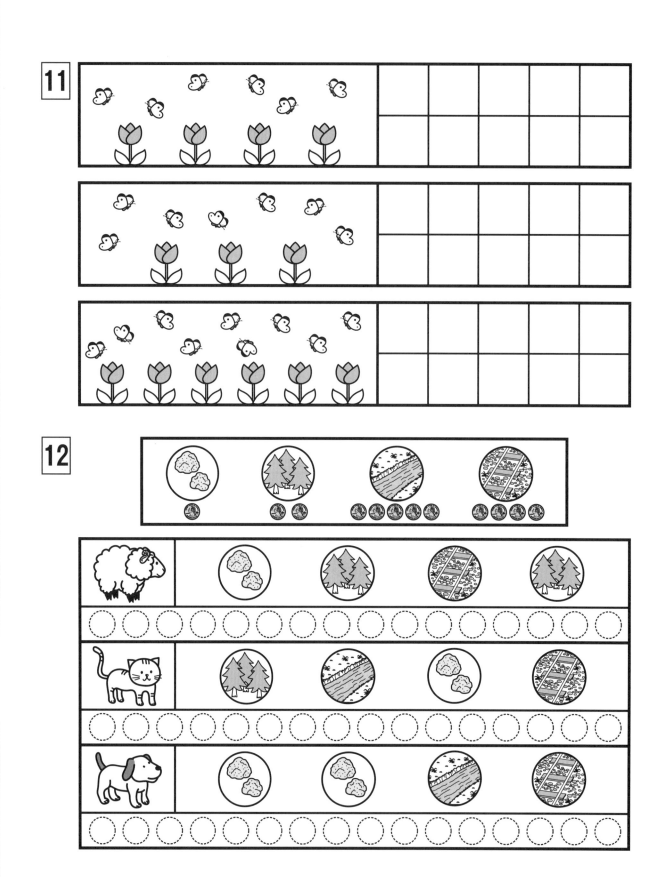

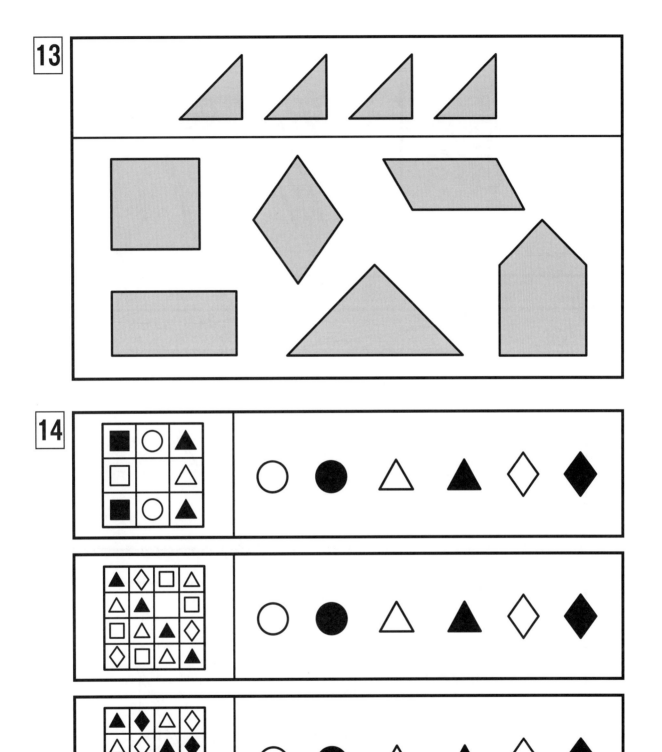

15 【お手本】

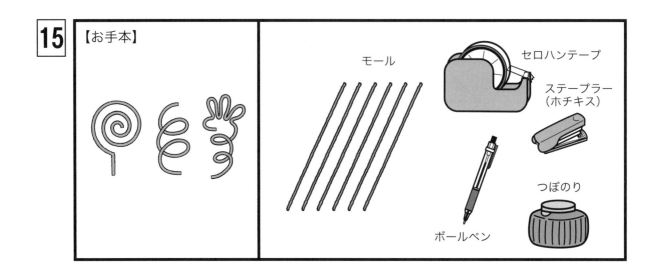

16

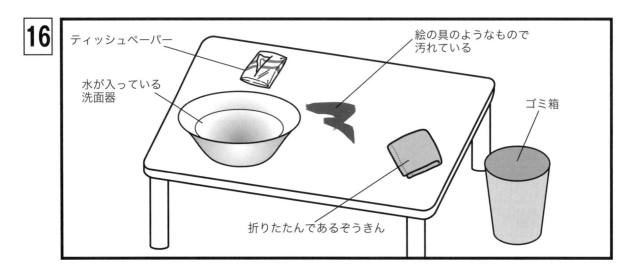

17

18
—
A

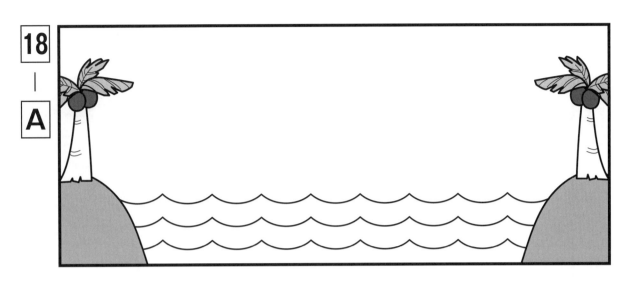

B

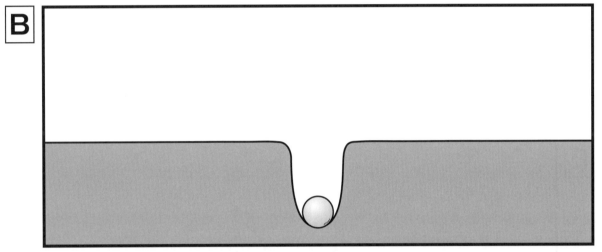

C

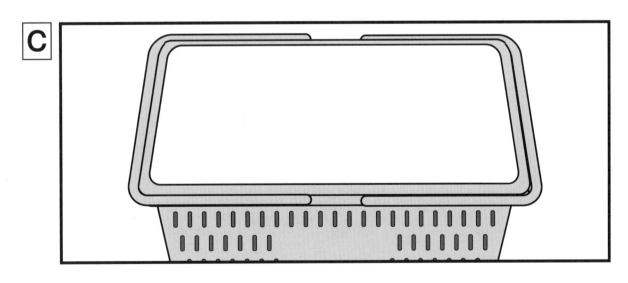

E

section
2015　早稲田実業学校初等部入試問題

■ 選抜方法

| 第一次 | 考査は１日で女子から先に実施。生年月日順（女子は年長者、男子は年少者から）で指定された受験番号順に５人グループでペーパーテスト、個別テスト、集団テスト、運動テストを行う。第一次考査で男女合わせて約180人を選出する。所要時間は約１時間。 |

| 第二次 | 第一次合格者を対象に２会場に分けて親子面接を行う。 |

考査：第一次

内容はグループによって異なる。

■ ペーパーテスト

筆記用具は赤鉛筆、青鉛筆を使用する（鉛筆の指示はクラスによって異なる）。訂正方法は // （斜め２本線）。

1 話の記憶

「今日はよいお天気なので、ひろし君は幼稚園のお友達と公園へ行きました。ひろし君、ひろし君のお母さん、けんた君、たろう君、はなこさんの５人で行きました。最初は砂場で遊びました。けんた君がお山を作ろうと言って、ひろし君と一緒にお山を作りました。はなこさんが『周りに動物園があるといいね』と言って、ウサギとウマを砂で作っていると、そこにひろし君のお母さんが木の枝を持ってきて柵のように置いてくれました。はなこさんは、まるで本物の動物園みたいとうれしくなりました。次はオニごっこをしようと、みんなでジャンケンをしてオニを決めることにしました。ジャンケンでひろし君が負けたので、ひろし君がオニになりました。ひろし君のお母さんはとても足が速くて、ひろし君はなかなか捕まえられませんでした。はなこさんは初めすべり台の後ろに隠れていましたが、ひろし君がほかの人を追いかけている間に木の後ろに隠れたので、最後まで見つかりませんでした。とても楽しい一日でした」

・上の段です。みんなが砂場で作ったものを上の四角から選び、青で○をつけましょう。
・下の段です。はなこさんがオニごっこのときに最後まで隠れていたところはどこですか。下の四角から選び、赤で○をつけましょう。

2 話の記憶

「けんたろう君は、家族みんなでスーパーマーケットにお買い物に来ています。けんたろ

う君の家族はお父さん、お母さん、お姉さん、けんたろう君の4人家族です。久しぶりに家族みんなでのお買い物なので、けんたろう君はとても楽しみにしていました。けんたろう君たちがいつも行くスーパーマーケットはとても広く、うっかりしていると迷子になってしまいそうです。野菜売り場の隣に、果物売り場があります。今は秋ですが、もうすぐ冬になるので秋だけでなく冬のおいしそうな季節の食べ物もたくさん並んでいました。お母さんが『みんな、1つずつ好きなものを選びましょう』と言ったので、けんたろう君はどれにしようと考えました。お母さんはリンゴ、お父さんはカキ、お姉さんはブドウを買うことに決めたようです。けんたろう君はなかなか決められません。でも、『クリってあんなにイガイガしているけれど、どうやって食べるのだろう』と不思議に思っていたので、今まであまり食べたことのないクリを買うことに決めました」

・1段目です。お姉さんが好きなものに赤で○をつけましょう。
・2段目です。お父さんが好きなものに青で○をつけましょう。

3 話の記憶

「今日は12月31日の大みそかです。明日から新しい年が始まるので、はなこさんはお母さんから大掃除のお手伝いをするように頼まれました。最初にほうきでドアのすき間を掃き、ちりとりでゴミを取りました。次にバケツに水を汲んできて、リビングルームの床をぞうきんがけしました。ぞうきんがけも終わったので、お母さんに『大掃除が終わったよ』と言いに行きました。お母さんがドアのすき間を見るとまだほこりがたまっていて、『この歯ブラシでお掃除をしてみてね』と言われました。そうしてみると、大きなほうきでは取れなかった細かいほこりがきれいに取れました。はなこさんは『古くなった歯ブラシも役に立つんだな』と思いました。これで大掃除も無事に終わり、気持ちよく新しい年を迎えられそうです。明日はおじいさんとおばあさんが遊びに来ます。はなこさんは一緒におもちを食べることを今からとても楽しみにしています」

・上の段です。はなこさんが大掃除のときに使ったもの全部に青で×をつけましょう。
・下の段です。お話の季節はいつですか。その季節と仲よしのものに赤で○をつけましょう。

4 話の記憶

「いよいよ夏休みがやって来ました。たろう君はうれしくてたまりません。今日は、たろう君とお父さんとお母さんとおじいさんで虫捕りにやって来ました。草原を歩いていると大きなチョウチョがいました。お父さんが捕まえようとしたら、大きなチョウチョは飛んでいってしまいました。お父さんとおじいさんが追いかけましたが、大きなチョウチョは捕まえられませんでした。お母さんとたろう君は小さなチョウチョを2匹見つけて、そっ

と捕まえました。草原を進んでいくと高い木がたくさんある森に着きました。あまり虫が見つけられないので、たろう君が残念そうにしていると、おじいさんが長い木の枝で木の上のあたりをつついていました。木の上の方にカブトムシがいるようです。おじいさんが何度も木の枝でつつくとカブトムシが2匹落ちてきたので、たろう君が捕まえました。とても楽しい一日でした」

・上の四角です。チョウチョを捕まえられなかった人に青で○をつけましょう。
・下の四角です。カブトムシを捕まえた人に赤で○をつけましょう。

5 話の記憶

「けんた君の誕生日のころはいつも雨ばかりで、部屋の中で遊ぶことが多く、つまらない気持ちでいっぱいでした。早く雨があがらないかなと窓の外を眺めていると、アジサイの葉の上にカタツムリがいるのが見えました。カタツムリは雨にぬれてなんだかうれしそうに見えました。けんた君はしばらくカタツムリの様子を見ていましたが、そのうちに眠くなってうとうと寝てしまいました。『けんた、起きなさい』。お父さんが声をかけると、けんた君はハッと目を覚ましました。『けんた、雨があがったぞ』とお父さんが言うので外を見ると、外には大きな虹が出ていました。けんた君はすぐにサッカーボールを取ってきて、遊びに行く準備をしました。『5時までには帰ってくるんだぞ』とお父さんが言いました。公園でお友達とサッカーをしてお家に帰ると、お母さんが誕生日パーティーの用意をしてくれていました。けんた君の大好きなモンブランのケーキも用意されていて、とてもうれしい気持ちになりました」

・上の段です。お話の季節と仲よしのものに赤で○をつけましょう。
・下の段です。お話に出てこなかったものに青で○をつけましょう。

6 話の記憶

「今日はとてもよいお天気なので、たろう君とはなこさんは公園へ遊びに行くことにしました。たろう君は虫捕り網と虫カゴを、はなこさんはスコップとバケツを持っていくことにしました。お家を出ようとしたとき、たろう君の弟も一緒に行きたいと言ったので、3人で行くことにしました。公園に着くとヒマワリがたくさん咲いていてとてもきれいでした。3人は砂場で遊ぶことにしました。3人でお山を作っているとトンボが飛んできたので、たろう君は捕まえようと追いかけました。トンボはとてもすばしっこくて捕まえられませんでした。たろう君は弟にトンボを見せてあげたかったので、『捕まえられなくて、ごめんね』と言いました。しばらくするとお友達のだい君が公園へやって来ました。みんなでブランコやすべり台で遊んで、とても楽しい一日でした」

・上の段です。お話の季節と仲よしのものに赤で○をつけましょう。

・下の段です。たろう君が持っていかなかったものに青で×をつけましょう。

7 話の記憶

「『今日はみんなでお絵描きをします。何の絵を描くかはみんなで相談してください』と先生が言いました。かずま君は車の絵を描きたいと言いました。さくらさんはダンゴムシを描きたいと言いました。なかなか決まりませんでしたが、よしこさんが虹色の世界を描こうと言うとみんな大賛成。みんなで虹色の世界を描くことにしました。何を描くのかが決まると、かずま君は先生から絵の具と筆を借りました。さくらさんは虹色のダンゴムシを描いて、かずま君は虹色の車を描きました。よしこさんも虹色のキリンを描いて、とてもすてきな絵に仕上がりました」

・上の段です。かずま君が先生から借りたものに赤で○をつけましょう。

・下の段です。さくらさん、かずま君、よしこさんが描いていないものに赤で○をつけましょう。

8 推理・思考

・上の四角の中に形がある決まりで並んでいます。どういう決まりで並んでいるかを考えて、お手本と同じお約束で並んでいるものを下から探して赤で×をつけましょう。

9 推理・思考

・上のマス目には、ある決まりでいろいろな絵が描いてあります。けれど、黒く塗られていて見えないマス目がありますね。どういう決まりで並んでいるかを考えて、下の四角の絵のものが黒く塗られているマス目にいくつ隠れているか、その数だけ絵の横の四角にそれぞれ青で○をかきましょう。

10 数量・常識

・上の四角に生き物の顔が描いてあります。2本足の生き物の数だけ黒い丸の横のマス目に青で×を、4本足の生き物の数だけ三角の横のマス目に青で○をかきましょう。

11 数量（すごろく）

・女の子と男の子とお父さんがすごろく遊びをします。矢印からスタートして、それぞれの顔の横のサイコロの目の数だけ進むとどのマス目に着きますか。女の子が着くマス目には赤で×を、男の子が着くマス目には青で△を、お父さんが着くマス目には赤で○をかきましょう。

12 推理・思考（対称図形）

・左のように折られた折り紙を1回開くとどのような形になりますか。右側から正しい絵を選び、青で○をつけましょう。下まで全部やりましょう。

13 推理・思考

（6種類の動物の顔が描いてある実物のサイコロを見せられる）タヌキと向かい合う面にはシカ、ウサギと向かい合う面にはライオン、サルと向かい合う面にはラッコが描いてある。サイコロをマス目の左端に置き、コトンコトンとマス目に沿って矢印の向きに倒していく。（例題として、星印にサイコロが来たとき（ラッコの顔が下の面）、サルが上の面に来ることを確認する）

・サイコロが絵のようにマス目の上に置かれているとき、矢印の向きにコトンコトンと倒していくと、星印のところではどの動物の顔が上の面に見えますか。それぞれ右上の二重四角の中から正しいものを選び、赤で○をつけましょう。2つともやりましょう。

14 常　識

・2本足の生き物には青で○を、8本足の生き物には青で×をつけましょう。

▌個別テスト　▌ 1グループ全員で一度に行う。

15 巧緻性・生活習慣

箱の中に、ひも、つぼのり、はさみ、新聞紙が入っている。ほかに、金魚鉢の絵が描かれたひもを通す穴の開いた台紙と、キンギョが描かれた色画用紙が机の上にあり、机の中におしぼりが入っている。お手本が黒板に貼ってある。

・お手本と同じものを作りましょう。終わったら手をおしぼりでふいて、おしぼりは机の中に片づけましょう。新聞紙はどのように使ったらよいか考えて使いましょう（使わなくてもよい）。

16 巧緻性・生活習慣

箱の中に、ひも、つぼのり、新聞紙が入っている。ほかに、ひもを通す穴の開いた黄色の画用紙と、白い画用紙、青い画用紙が机の上にあり、机の中におしぼりが入っている。お手本が1人ずつ机の上に用意される。

・お手本と同じものを作りましょう。終わったら手をおしぼりでふいて、おしぼりは机の中に片づけましょう。新聞紙はどのように使ったらよいか考えて使いましょう（使わなくてもよい）。

17 巧緻性・生活習慣

箱の中に、透明クリアフォルダ（Ａ４判）１枚、クリップ１個、Ｂ６判画用紙３枚、Ｂ４判画用紙２枚、Ａ４判画用紙２枚、はさみが入っている。お手本が黒板に貼ってある。

・お手本と同じ紙の大きさと枚数になるように、はさみで切って作ります。まず、一番大きい紙を半分に折り、開いて折り線のところをはさみで切りましょう。２枚ともやりましょう。次に、中くらいの紙を同じように半分に折って、折り線のところをはさみで切りましょう。２枚ともやりましょう。最後に、一番小さい紙３枚をそのままクリップで留め、さっき切った紙と一緒にクリアフォルダに入れましょう。

18 巧緻性・生活習慣

レジ袋（白）と大小のポリ袋が１枚ずつ、生き物が描かれた絵カード（カブトムシ、スズメ、カエル）が用意されている。お手本が黒板に貼ってある。

・お手本のようにレジ袋にカブトムシ、スズメ、カエルの絵カードを入れて持ち手のところを２回結びましょう。ポリ袋は、２枚ともお手本のように１回結びをしましょう。

端を中に入れて結ぶ

19 巧緻性・生活習慣

箱の中に黒い画用紙、形が印刷された台紙、つぼのりが入っている。机の中におしぼりが入っている。お手本が黒板に貼ってある。

・お手本と同じものを作りましょう。台紙に丸や三角など形はかいてありますが、切り取り線はありません。どのようにちぎったらよいか考えて手でちぎり、のりで画用紙に貼りましょう。終わったら手をおしぼりでふいて、おしぼりは机の中に片づけましょう。

20 巧緻性

箱の中に、線がかかれたＡ４判画用紙（黄色、青）各１枚、短冊（赤、青、白、ピンク）各１枚、はさみが入っている。お手本が黒板に貼ってある。

・黄色の画用紙を半分に折って、かかれた線をはさみで切り、青と白の短冊を使って、お手本と同じものを作りましょう。

生活習慣

カゴの中に整理整頓された衣類の写真がある。机の上には、体操服、靴下、肌着、片づけ用のカゴが用意されている。

・ここにあるものを写真と同じように片づけてください。

絵　画

クレヨン12色、画用紙が用意されている。考査日時によって指示は異なる。
・（羽をひろげた鳥の置物を見ながら）クレヨンで鳥を描きましょう。
・（羽ばたいている鳥の写真を見ながら）クレヨンで鳥を描きましょう。

制作（粘土）

油粘土を使用。へらや棒などが置いてあり、作るときに使ってもよい。考査日時によって指示は異なる。
・（カメの写真を見ながら）粘土でカメを作りましょう。
・（ペンギンの写真を見ながら）粘土でペンギンを作りましょう。
・（ワニの写真を見ながら）粘土でワニを作りましょう。
・（カバの置物を見ながら）粘土でカバを作りましょう。
・（オットセイの置物を見ながら）粘土でオットセイを作りましょう。

言　語

絵画や粘土制作の途中で「絵を描くのは好きですか」「粘土で作るのは好きですか」などの質問に答える。

集団テスト

行動観察

・グループごとにフープが１つ用意され、全員が左右好きな方の手の人差し指を１本出してフープを落とさないように指に引っかけて支え、「1、2」の号令に合わせて立ったりしゃがんだりする。しばらく行った後、テスターから「どうやったら上手にできるか作戦を立てましょう」と指示があり、作戦タイムをとって、その後もう一度行う。

・「こぶたぬきつねこ」の歌に合わせてダンスをする。お友達と相談して振りつけを決めたら練習をし、歌いながらダンスの発表をする。その後、歌詞に出てくる動物がキリン、ゴリラ、子ザル、ゾウに変わり、同じように振りつけを相談して発表する。

・ラグビーボール、ピンポン球、ソフトカラーボール（テニスボールの大きさ）、バスケットボールなどが、床のフープの中に置いてある。相談をして、ボールを転がす人と５ｍ先のマット上でボールを受け取る人を決める。より多くのボールを受け渡すことがで

きたチームの勝ち。ボールは両手で転がす、列に並んで1人ずつ順番に転がすというお約束がある。

・グループ全員が縦1列に並んで、それぞれの背中とおなかで風船を挟んでムカデのように歩く。最後尾の人が床に引かれた線を越えたらゴール。1回目は受験番号順に並んで行う。2回目はスタート前に作戦タイムがあって、順番を変えるなど、どのようにすればうまくできるかを相談する。ゲームが始まったら風船には手で触らない、途中で風船が落ちたらその場所からやり直すというお約束がある。

・ペットボトル（500ml）約10本と、大きさの異なる2つのボール（ドッジボールとテニスボールくらいの大きさ）が床に置いてある。みんなで遊べるように、遊び方や順番などを相談して遊ぶ。

・グループ全員が手をつないで輪になり、1つのフープを次の人へ手を離さずに通していく。1回終わったところで、「どうやったらうまくできるか、みんなで相談しましょう」とテスターから指示があり、作戦タイムをとって、その後2回目を行う。

・白とオレンジ色のピンポン球が、カゴの中にたくさん入っている。シャベルや熊手など、砂場で使うような道具が床のフープの中に置いてある。ピンポン球を転がす人を1人決め、床に転がしていく。ほかの子は5m先のマット上で待ち、ピンポン球を受け取る。どの道具で受け取ったらよいかを相談し、より多くのピンポン球をキャッチしたチームの勝ち。手で捕らずに必ず道具を使う、受け取る人はマットから出ないというお約束がある。

運動テスト

■ 模倣体操

テスターの掛け声に合わせて、その数だけ両手の指を出して数を表していく（1の2の3の2の4の5など）。

■ ケンケン

掛け声に合わせてケンケンをする。

■ グーパー

掛け声に合わせてグーパーをする。

考査：第二次

親 子 面 接

本 人

・お名前を教えてください。
・幼稚園（保育園）にはどうやって行きますか。
・幼稚園（保育園）で楽しかったこと、うれしかったことはありますか。
・お家からこの学校までどうやって来ましたか。どんなお話をしてきましたか。
・電車に乗るときに定期券をなくしたらどうしますか。
・お手伝いはしますか。（その答えに対して）大変だったことはありますか。
・どんなときにほめられたり、しかられたりしますか。
・最近１人でできるようになったことは何ですか。
・お母さんが作る料理で好きなものは何ですか。
・小学校に入ったら一番何をしたいですか。
・今、一番欲しいものは何ですか。

父 親

・志望理由は何ですか。
・学校見学会に参加したときの印象をお話しください。
・本校に期待することは何ですか。
・最近お子さんの成長を感じたこと、頑張っていると思ったことは何ですか。
・どんなお子さんになってほしいですか。
・お子さんとどのようにかかわっていますか。
・お子さんをしかるとき、ほめるときはどのようなときですか。

母 親

・小学校、中学校、高校の12年間でどのような教育を本校に望みますか。
・しつけに対してどのように考えていますか。何か言葉掛けをしていますか。
・交通マナーをどのように教えていますか。
・まだまだ甘えたい盛りだと思いますが、これだけはそろそろ卒業してほしいと思うことは何ですか。
・お子さんをしかるとき、ほめるときはどんなときですか。

面接資料／アンケート 考査日当日にアンケートを提出。

・併願校についてお聞かせください（約60校の学校が記載されており、番号に○をつける。合否に関係ないと明記されている）。

1

2

3

4

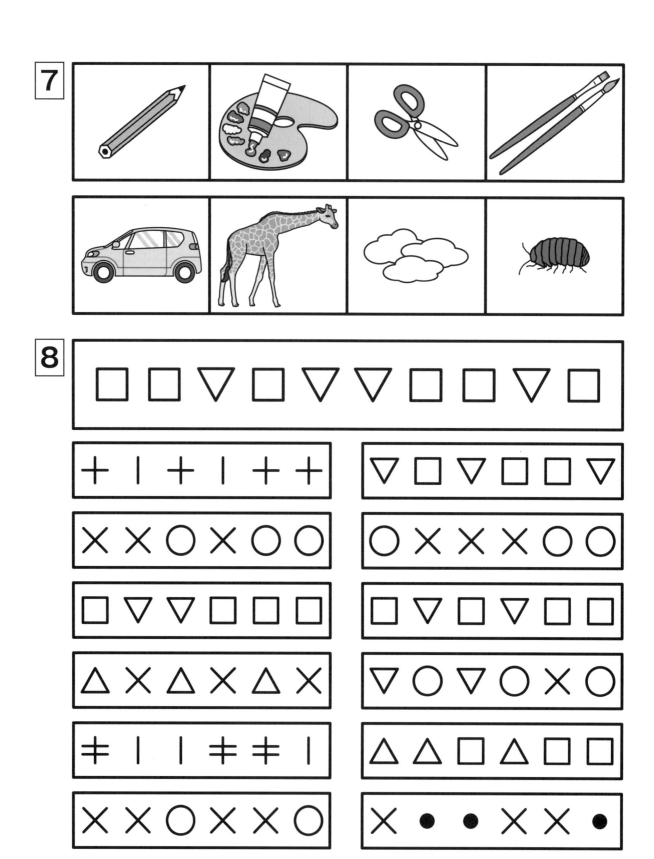

9

10

11

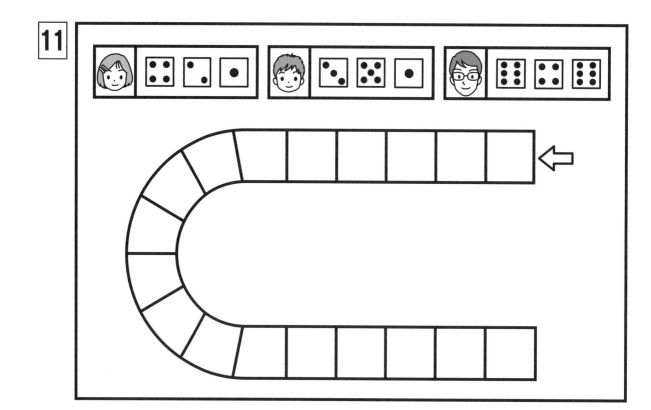

12

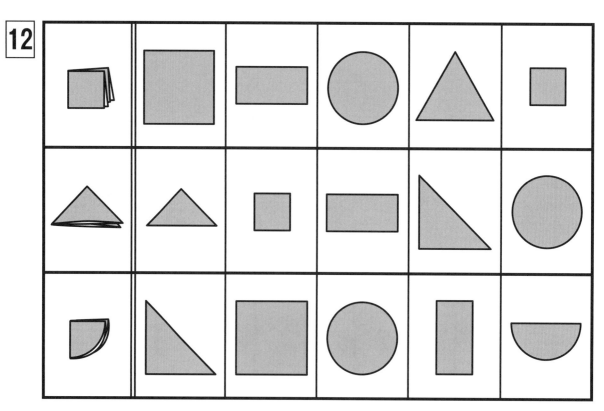

13

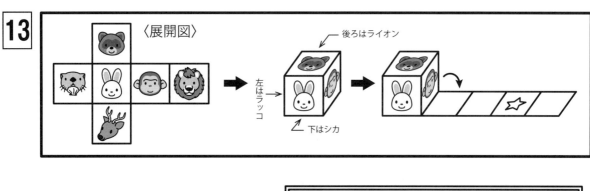

〈展開図〉

後ろはライオン
左はラッコ
下はシカ

14

15

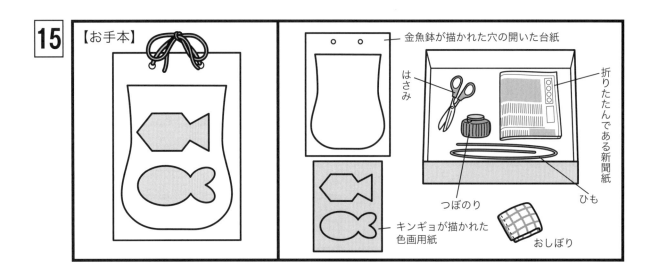

【お手本】

金魚鉢が描かれた穴の開いた台紙

はさみ

折りたたんである新聞紙

つぼのり

ひも

キンギョが描かれた色画用紙

おしぼり

16

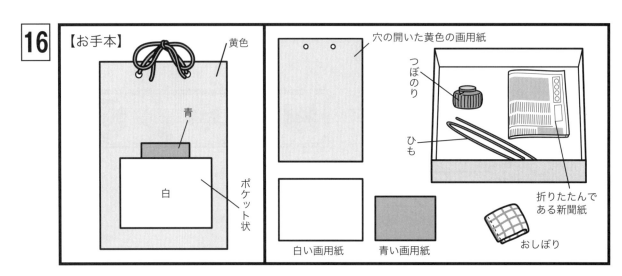

【お手本】

黄色

青

白

ポケット状

穴の開いた黄色の画用紙

つぼのり

ひも

折りたたんである新聞紙

おしぼり

白い画用紙

青い画用紙

17

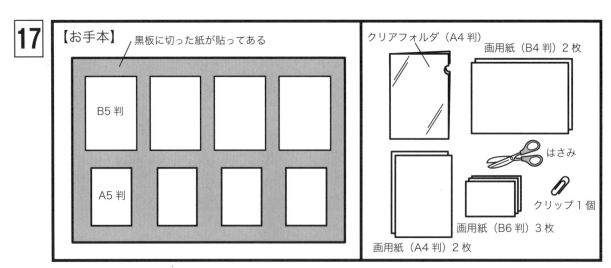

【お手本】 黒板に切った紙が貼ってある

B5判

A5判

クリアフォルダ（A4判）

画用紙（B4判）2枚

はさみ

クリップ1個

画用紙（B6判）3枚

画用紙（A4判）2枚

18

【お手本】

3枚の絵カードを入れレジ袋を結ぶ

ポリ袋を1回結びにしたもの

レジ袋（白）

ポリ袋（大）

ポリ袋（小）

絵カード

19

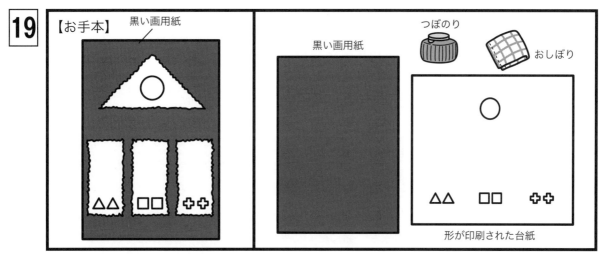

【お手本】

黒い画用紙

黒い画用紙

つぼのり

おしぼり

形が印刷された台紙

20

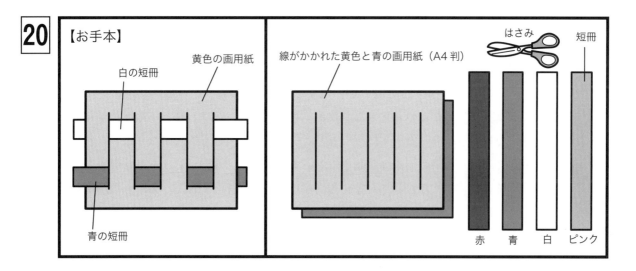

【お手本】

白の短冊

黄色の画用紙

青の短冊

線がかかれた黄色と青の画用紙（A4判）

はさみ

短冊

赤　青　白　ピンク

2014 早稲田実業学校初等部入試問題

■ 選抜方法

| 第一次 | 考査は1日で男子から先に実施。生年月日順（男子は年長者、女子は年少者から）で指定された受験番号順に5人グループでペーパーテスト、個別テスト、集団テスト、運動テストを行う。第一次考査で男女合わせて約180人を選出する。所要時間は約1時間。 |

| 第二次 | 第一次合格者を対象に2会場に分けて親子面接を行う。 |

考査：第一次

内容はグループによって異なる。

■ ペーパーテスト

筆記用具は赤鉛筆、青鉛筆を使用する（鉛筆の指示はクラスによって異なる）。訂正方法は // （斜め2本線）。

1 話の記憶

「たけし君とけんた君は今度の休みの日に出かける話をしています。けんた君は丸い眼鏡をかけた元気な男の子です。『今度の休みの日に家族で虫捕りに行くんだ』とたけし君が言うと『僕も行きたいなあ』とけんた君が言いました。すると『けんた君も、家族みんなで行こうよ』とたけし君が言ったので『じゃあ、お父さんに頼んでみる！』とけんた君が言って、けんた君の家族も一緒に行くことになりました。今日は待ちに待ったお出かけの日です。たけし君の家族は朝早く、車に乗って山へ向かっています。高速道路に乗って、トンネルを抜けるとたくさんの大きな山が見えてきました。高速道路を降りてしばらく走ると川が見えてきました。川にはもうけんた君の家族が到着していて、どうやら魚釣りをしているようです。たけし君は車から降りて、けんた君たちがいる方へ走っていきました。『どんな魚がいるの』とたけし君が聞くと『ここにはね、アユやニジマスがたくさんいるんだよ』とけんた君のお父さんが教えてくれました。たけし君とけんた君両方の家族がそろったのでさっそく虫捕りに行くことにしました。山の方へ向かおうとするとたけし君の妹のえみちゃんが心配そうな顔をしています。『どうしたの』とけんた君が聞くと『わたし、虫が怖いの』とえみちゃんが今にも泣きそうな顔で言いました。えみちゃんのことを心配してたけし君とたけし君のお父さんとたけし君のおじいちゃん、そしてけんた君のお姉さんが『だいじょうぶだよ』と声をかけてあげました。みんなでえみちゃんに虫の捕まえ方を教えてあげたので、えみちゃんは安心して虫を捕まえることができました」

・上の段です。川にたくさんいる魚に○をつけましょう。
・下の段です。えみちゃんに「だいじょうぶだよ」と言っていた大人には○、子どもには
　△をつけましょう。

2 話の記憶

「つとむ君はお父さんの車を洗っています。車を傷つけないで洗うにはスポンジで洗って
からぞうきんでふくといいと前にお父さんから教えてもらったので、スポンジとぞうきん
を使って車をピカピカにしました。洗い終わるとつとむ君は元気よくお父さんを呼びまし
た。とてもきれいになっていたのでお父さんはうれしそうな顔をしていました。次の日、
きれいになった車に乗って家族みんなで出かけることになりました。運転席にはお父さん、
その隣にはお母さん、お母さんの後ろにはつとむ君、つとむ君の隣にはおじいさん、つと
む君の後ろにはおばあさんが座り、最後に空いている席に妹のくみちゃんが座りました。
『今日はどこへ行くの』とつとむ君が聞くと、お母さんは『内緒よ』と言いました。『えー、
教えてくれてもいいじゃない』とつとむ君がほっぺたをふくらませていると、隣に座って
いるおじいさんが小さな声で『海に行くんじゃよ』と教えてくれました。つとむ君の顔が
パーっと明るくなりました」

・上の段です。つとむ君が車を掃除するときに使っていたものに○をつけましょう。
・下の段です。つとむ君が座っていた場所に○、おじいさんが座っていた場所に△をかき
　ましょう。

3 話の記憶

「はなこさんが幼稚園から帰ってきました。お母さんに『何かお手伝いはない？』と聞く
とお使いを頼まれました。お母さんが100円玉を5枚くれたのでクマのお財布にお金を入
れて、お財布をイチゴの模様のかばんに入れました。はなこさんは『いってきまーす』と
元気よくお家を飛び出しました。スーパーマーケットに行くには商店街を通るので商店街
の方へ向かいました。商店街を歩いていると、とてもいいにおいがしてきます。お肉屋さ
んの前を通ると揚げたてのコロッケのにおいがして、はなこさんのおなかがグーッと鳴り
ました。コロッケを食べたいけれど、お金を使ってしまったらお使いで頼まれていたもの
を買えなくなってしまうので、はなこさんはぐっと我慢しました。スーパーマーケットに
着くとリンゴと食パンを1つずつ買いました。持っていたお金を全部渡すと10円玉を1
枚お店の人からもらいました」

・1段目です。はなこさんがお使いで買ったものに○をつけましょう。
・2段目です。はなこさんがお使いに行くときに持っていったものに○をつけましょう。
・はなこさんはお母さんから100円玉を何枚もらいましたか。その数だけ四角の中に○を

かきましょう。

4 話の記憶

「はなこさんは、春休みにおじいさんとおばあさんのいる田舎へ遊びに行きました。1人で飛行機に乗るなんてドキドキしたけれど無事に着くことができました。おじいさんとおばあさんのお家から少し離れたところに畑が広がっています。『おじいさんは畑にいるから行っておいで』とおばあさんが教えてくれました。畑に着くと、おじいさんが何かを捕まえようとしていました。『何をしているの』とはなこさんが聞くと、『ほら』と言ってチョウチョとテントウムシを見せてくれました。『夏になればカブトムシやセミが捕まえられるよ』とおじいさんが言いました。2人で手をつないで帰っていると、おじいさんが畑の方を指さしました。『はなこ、秋になるとここにたくさんのコスモスとヒガンバナが咲くんだよ。だから、秋にまた遊びにおいで』とうれしそうに話してくれました」

・上の段です。おじいさんが春に捕まえた虫に○をつけましょう。
・下の段です。秋になると咲いているよ、と教えてくれたお花に○をつけましょう。

5 話の記憶

「たかし君はお父さん、お母さん、妹、弟の5人家族です。今日は家族で海に出かけます。荷物が多いのでみんなで分担して持つことにしました。たかし君と妹はお菓子、弟は地図、お母さんはお弁当、お父さんは着替えを持ちました。海へは電車に乗って行きます。電車は少し混んでいて全員座ることができません。2つ空いていた席に弟と妹が座りました。途中でもう2つ席が空いたのでお母さんとたかし君が座りました。しばらく電車に乗っていると海の近くの駅に着きました。たかし君が駅から海に向かう道を元気よく歩いていくと道が2つに分かれました。どちらも海に続く道です。そこでたかし君とお父さんが一緒に、お母さんと妹と弟がもうひとつの道をと分かれて進むことにしました。たかし君がどんどん歩いていくと海の家が見えてきました。『やっと着いたー』と海の家の方へ走っていくとアイスクリームを売っていました。お父さんがアイスクリームを買ってくれたのでそれを食べながら『早くみんな来ないかなー』と待っているたかし君でした」

・1段目です。電車の中で最後まで立っていた人に○をつけましょう。
・2段目です。先に海に着いてアイスクリームを食べていた人に○をつけましょう。

6 話の記憶

「けんた君とはなこさんは洗濯物をたたむお手伝いをしています。けんた君はズボンと靴下をたたみ、はなこさんはTシャツをたたみました。『そろそろおやつにしましょう。今日は何が食べたい？』とお母さんが聞いてきました。『僕はね、クリまんじゅう』とけん

た君。『わたしはね、ビスケット』とはなこさん。お母さんは『焼きいもがいいわ』と言いました。みんなの意見が分かれたので何にするかジャンケンで決めることにしました。最初ははなこさんがパー、けんた君がチョキ、お母さんがグーを出してあいこになりました。次はお母さんがグー、けんた君とはなこさんがパーを出しました。お母さんが2人が好きなものを半分ずつ食べなさいと言ったので、2人は仲よくおやつを食べました」

・上の段でけんた君がたたんだものに△、はなこさんがたたんだものに○をつけましょう。
・下の段です。おやつで食べたものに○をつけましょう。

7 話の記憶

「今日から冬休みです。なつき君は田舎のおばあさんのお家に妹とお母さんとお父さんと一緒に新幹線に乗って遊びに行きます。新幹線の中ではおばあさんのお家に着いたら何をして遊ぶのかを話しています。おばあさんの住んでいるところはたくさん雪が積もっているらしく、どんなことができるのか今からとても楽しみです。なつき君は家族みんなで雪合戦がしたいと言いました。妹は雪ダルマを作りたいと言いました。お母さんが『かまくらって知ってる？』と聞きました。『ううん、知らない』となつき君と妹が言うと、『かまくらはね、雪で作るお家のことで丸い形をしていて、中に入るととても暖かいのよ』とお母さんが言いました。『雪の中なのに暖かいんだ』と驚いているなつき君と妹でした」

・上の2段です。子どもたちがやりたいと言っていたことに○をつけましょう。
・下の2段です。おばあさんのお家に○をつけましょう。

8 数 量

・左上のお手本と同じ乗り物はいくつありますか。その数だけ黒星の横の四角に○をかきましょう。
・自転車とバイクを合わせるといくつありますか。その数だけ白星の横の四角に○をかきましょう。

9 推理・思考（四方図）

・上の積み木を上から見るとどのように見えますか。正しい絵をすべて選んで○をつけましょう。

10 観察力（欠所補完）

・左の四角にかいてある絵は真ん中が抜けています。真ん中の空いているところに入ると思う絵を右側から選んで○をつけましょう。

11 構　成

・上のお手本と同じ形を作るのに、どの四角の積み木を組み合わせればよいですか。正しい組み合わせがかいてある四角に○をつけましょう。

12 推理・思考（進み方）

・動物たちが上のお約束通り矢印の方向に1マスずつ動きます。下のマス目にいる動物がお約束通りに動いたときに動物同士が出会うマス目に○をかきましょう。

13 推理・思考（対称図形）

・左にある折り紙を矢印の向きに絵のように折り、黒いところを切って開くとどのようになりますか。正しい絵を右側から選んで○をつけましょう。

14 数　量

・動物たちが上のお約束通りにアメをもらいます。何もかいていない四角のときはアメをもらえません。矢印の通りに印を通ったときにアメを一番多くもらえる動物に○をつけましょう。

・動物たちがアメを5個ずつ袋に入れます。もらったアメを全部余らせずに袋に入れることができる動物に×をつけましょう。

■ 個別テスト　| 1グループ全員で一度に行う。内容はグループによって異なる。

15 巧緻性

箱の中にB4判の白画用紙、1/4サイズの四角の折り紙2枚（青、黄色）、クリップ、つぼのりが入っている。机の中にはおしぼりが入っている。

・白い画用紙を縦と横に1回ずつ折り、折り目をつけて画用紙に4つの部屋を作りましょう。左下には黄色の、右下には青の折り紙をのりで貼りましょう。白い画用紙を折り目に合わせて2回たたんでからクリップで留めましょう。できたらおしぼりで手をふきましょう。

※作り方を見せてもらってから作業をする。

16 巧緻性

箱の中に茶色の画用紙、B5判の色画用紙3枚（水色、白、黄色）、つぼのり、新聞紙が入っている。

・お手本と同じものを作りましょう。形は手でちぎりましょう（新聞紙はのりをつけると

きに敷くなど適宜使う）。

※お手本が黒板に貼ってあり、それを見ながら行う。終わったら、手をふくためのウエットティッシュが配られる。

17 巧緻性

箱の中に線が印刷された台紙、はさみが入っている。

・紙に印刷された線をはさみで切りましょう。切り終わったら切った紙は箱の中にしまい、はさみは先生に返しましょう。

18 巧緻性

箱の中に魔女の絵などが印刷されている画用紙（Ｂ５判、図柄はグループによって異なる）、4種類の大きさの画用紙（Ａ４判とＢ４判の中間大の黄色、Ａ４判の白、Ａ４判とＢ５判の中間大のピンク、Ｂ５判の青）、硬質クリアフォルダ（Ａ４判）、つぼのりが入っている。

・絵が描いてある画用紙を白い画用紙にのりで貼りましょう。貼れたら透明なフォルダに工夫してすべての画用紙をしまいましょう。

※4種類の画用紙のうち1枚は、そのままでは入らない。

19 巧緻性

箱の中にＢ４判の白と黄色の画用紙、Ｂ５判のピンクの画用紙、40cmくらいの麻ひも、黒い筒が入っている。

・お手本と同じものを作りましょう。できたら、黒い筒に作ったものを入れましょう。

※作業に入る前に筒に入れたお手本をテスターが一人ひとりに見せてくれる。

20 巧緻性

箱の中にＢ５判の白画用紙、Ａ４判の水色の画用紙、Ｂ４判よりやや大きめのピンクの画用紙、青い折り紙、40cmくらいの綴じひも、セロハンテープが用意されている。各画用紙にはあらかじめひもを通すための穴が2つ開いている。

・（お手本を5秒くらい見せた後、隠す）折り紙を三角に2回折って、セロハンテープで白の画用紙に貼りましょう。貼ったらこのお手本と同じように作りましょう。

🔲 生活習慣

箱の中に少しだけ空気の入ったビーチボール、ビニールシート、塗りばし、おはし入れ、お弁当箱とお弁当箱のふた、風呂敷が用意されている。

・ここにあるものを片づけて風呂敷で包んでください。

🔲 絵　画

クレヨン12色、画用紙が用意されている。考査日時によって指示は異なる。

・（トラックのおもちゃを見ながら）トラックを描きましょう。

・（トラの写真を見ながら）トラを描きましょう。

・（インコの写真を見ながら）インコを描きましょう。

・（カタツムリのおもちゃを見ながら）カタツムリを描きましょう。

制作（粘土）

油粘土を使用。考査日時によって指示は異なる。

・（カエルの写真を見ながら）粘土でカエルを作りましょう。

・（ヨットのおもちゃを見ながら）粘土でヨットを作りましょう。

・（ハチのおもちゃを見ながら）粘土でハチを作りましょう。

言　語

絵画や粘土制作の途中で「絵を描くのは好きか」「粘土で作るのは好きか」などの質問に答える。

集団テスト　｜　グループによって内容が異なる。

行動観察

・2m程度の綱が2本用意されている。これを使ってどのように遊ぶか、グループのお友達と相談して遊ぶ。

・床に長さ5mくらいのマットが敷いてあり、その両端にそれぞれバケツとカゴが置いてある。バケツにはピンポン球がたくさん入っている。グループのお友達と相談して、手でピンポン球をカゴに移す競争をする。マットから出てはいけない。1回終了したら、今度はどうすればより早く運べるか相談し、2回目を行う。

・教室内に段ボール紙の家、フープ、フープの中に7種類のぬいぐるみがたくさん用意されている。グループのお友達と相談して、フープの中に入っているぬいぐるみを段ボール紙の家まで運ぶ競争をする。1人が一度に何個持ってもよいが必ず手で持っていくこと、1人ずつ行い必ず次の人にタッチする、というお約束がある。

・グループのお友達と相談して積み木を高く積む競争をする。同じ色を続けて重ねてはいけないとのお約束がある。

・箱の中にたくさんの風船が用意されている。運ぶ道具としてうちわ、ロープ、タオル、ペットボトル、ビニールシート、バケツなどが用意されている。グループのお友達と協力してできるだけたくさんの風船を5mくらい先のカゴまで運ぶ。

・「どんぐりころころ」の曲に合わせて、グループのお友達と踊りを考えて踊る。

運動テスト

模倣体操

・ひざを曲げた足を手で後ろに持って片足立ちをし、フラミンゴのポーズをする。
・鳥のように腕をパタパタさせながら両手を広げてテスターの後をついて走る。
・ウサギの耳の形を手で作り、スキップする。
・カニのように両手ではさみを作って横にギャロップをする。

考査：第二次

親 子 面 接

本 人

・お名前を教えてください。
・幼稚園（保育園）の名前と担任の先生の名前を教えてください。
・今日はどうやって来ましたか。
・来る途中にどんなお話をしましたか。
・電車に乗るときに定期券をなくしたらどうしますか。
・お父さんとは何をして遊びますか。
・ほめられたり、しかられたりするのはどんなときですか。
・お手伝いは何をしていますか。（その答えに対して）大変だったことはありますか。
・お手伝いをしたら、あなたのお父さん、お母さんは何と言ってくれますか。
・最近、1人でできるようになったことは何ですか。
・嫌いな食べ物が給食に出てきたらどうしますか。
・幼稚園（保育園）では、どんな遊びをしていますか。
・幼稚園（保育園）で仲のよいお友達は何人いますか。
・きょうだいげんかをすることはありますか。（その答えを聞いて）けんかをしたときはどうしますか。

・幼稚園（保育園）で楽しかったこと、うれしかったことはありますか。
・学校に来たら一番に何をしたいですか。
・今、一番欲しいものは何ですか。
・虫を飼ったり、植物を育てたりしたことがありますか。

父　親

・数ある私立の学校の中で本校を選んだ理由は何ですか。
・早稲田実業学校の中等部、高等部について調べてきましたか。
・小学校へ上がる前にご家庭ではどんな教育をされてきましたか。
・ご自身の小学校生活の中で現在も役に立っていることはありますか。
・お子さんにどんな子どもになってほしいですか。
・子育てで大切にしていることは何ですか。
・お子さんとの時間をどのようにとっていますか。
・お子さんをしかるとき、ほめるときはどのようなときですか。
・小学校ではどのようなことを学んでほしいですか。
・お子さんが困難にぶつかったとき、どのようなアドバイスをしますか。

母　親

・お子さんとどのようにかかわっていますか。
・お子さんとの時間をどのようにとっていますか。
・お子さんをしかるとき、ほめるときはどのようなときですか。
・子育てをしていて大変だと思うことを教えてください。
・世の中にはいろいろな力がありますが、お子さんに一番身につけさせたいのはどんな力ですか。
・東日本大震災を経験してお子さんにどのようなことを伝えていますか。
・早稲田実業学校から早稲田大学まで過ごさせることでどんな人に成長してもらいたいですか。

面接資料／アンケート

考査日当日にアンケートを提出。

・併願校についてお聞かせください（約60校の学校が記載されており、番号に○をつける。合否に関係ないと明記されている）。

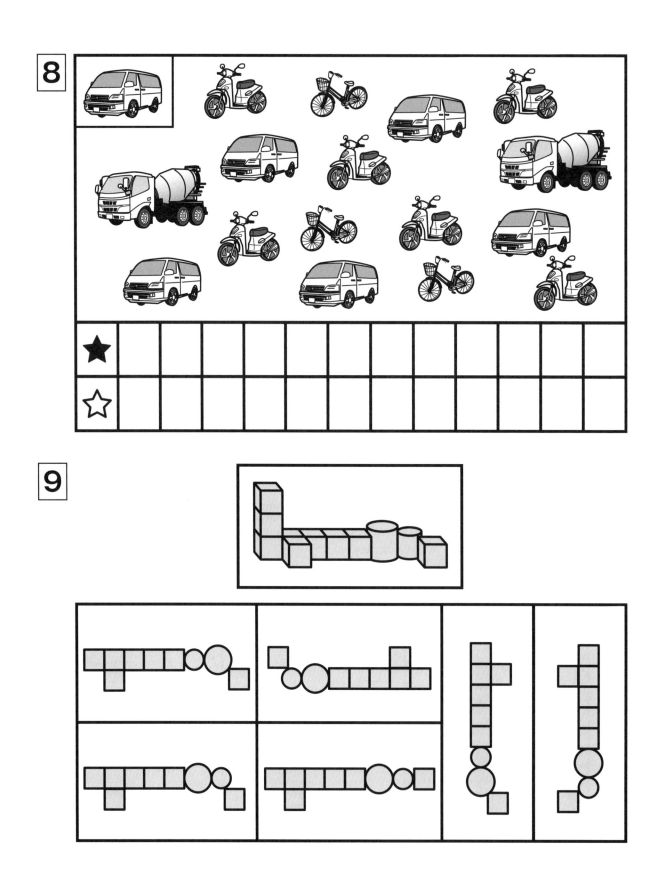

8

9

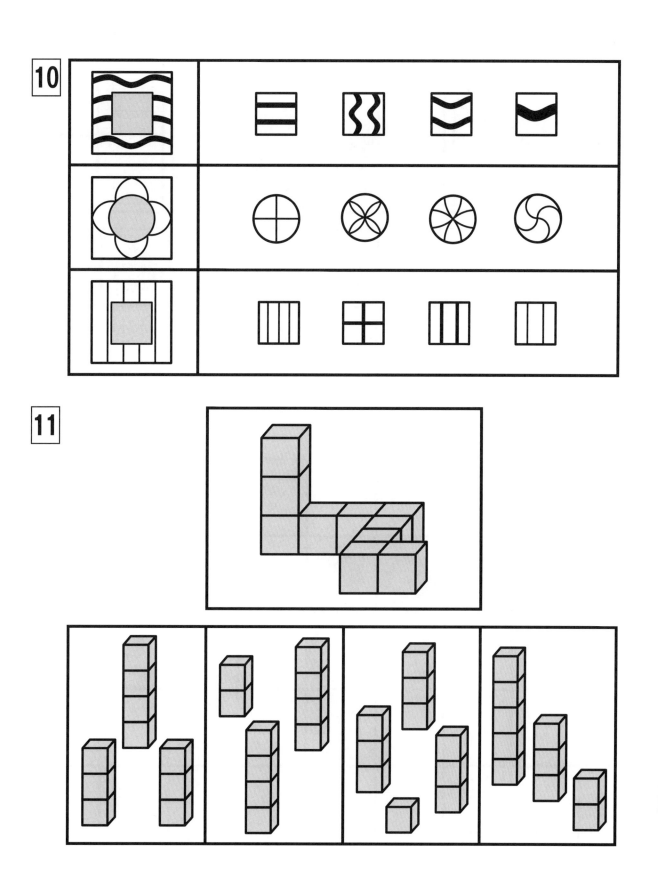

12

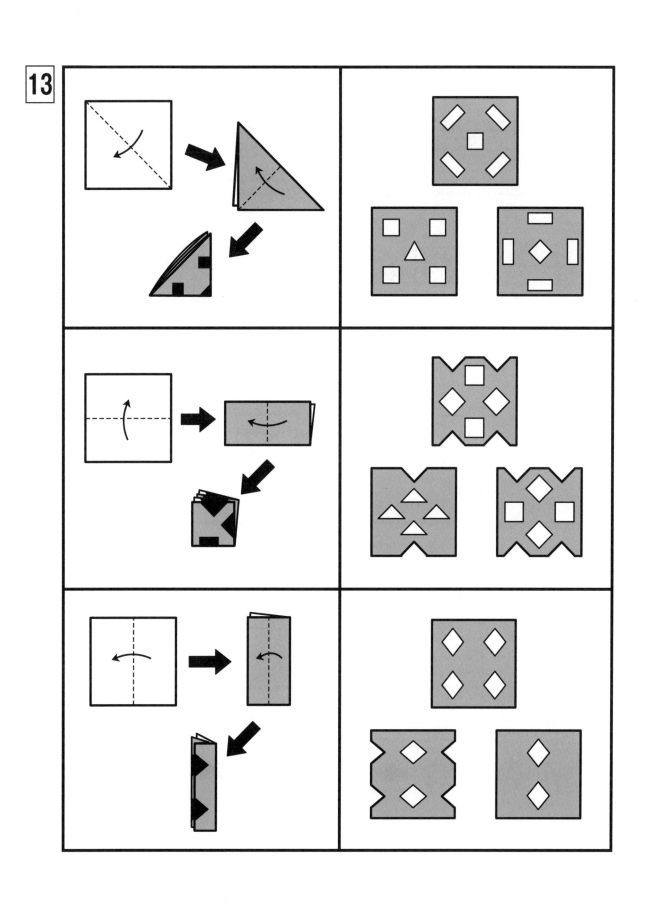

14

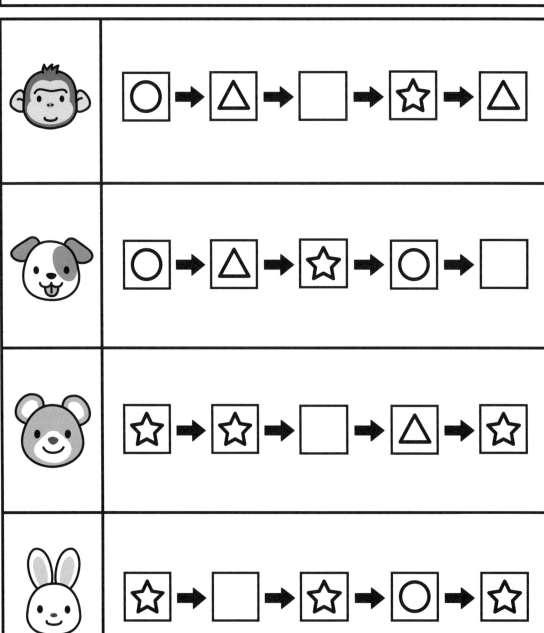

15

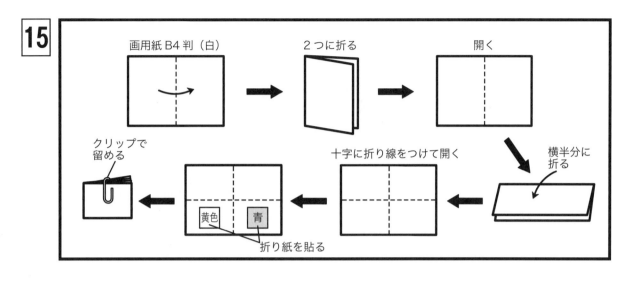

16

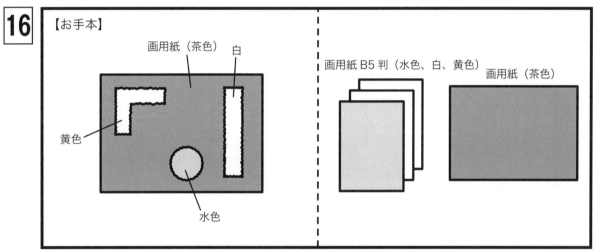

17

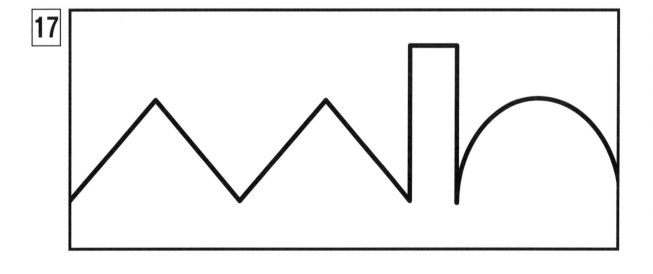

18

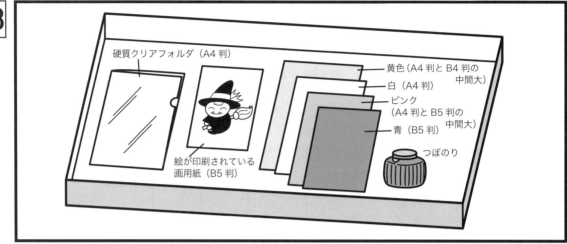

硬質クリアフォルダ（A4 判）

黄色（A4 判と B4 判の中間大）

白（A4 判）

ピンク（A4 判と B5 判の中間大）

青（B5 判）

つぼのり

絵が印刷されている画用紙（B5 判）

19

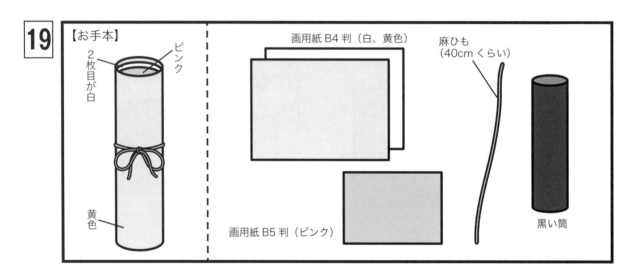

【お手本】

ピンク

2枚目が白

黄色

画用紙 B4 判（白、黄色）

麻ひも（40cm くらい）

画用紙 B5 判（ピンク）

黒い筒

20

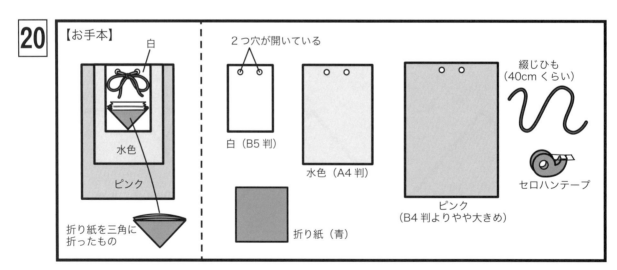

【お手本】

白

水色

ピンク

折り紙を三角に折ったもの

2つ穴が開いている

白（B5 判）

水色（A4 判）

折り紙（青）

ピンク（B4 判よりやや大きめ）

綴じひも（40cm くらい）

セロハンテープ

早稲田実業学校初等部
入試シミュレーション

早稲田実業学校初等部入試シミュレーション

1 話の記憶

「今日はけんちゃんが楽しみにしていた家族でピクニックに行く日です。お母さんは台所でお弁当を用意しています。玉子焼きのよいにおいがしてきました。けんちゃんが台所へ行ってみると、テーブルの上には大きなお弁当箱が3個あり、中にはけんちゃんの大好きな骨のついた鶏のから揚げや赤いプチトマトがきれいに並んでいます。『けんちゃん、おにぎり作るの手伝ってくれる？』と、玉子焼きをお弁当箱に詰めながら、お母さんが言いました。『いいよ！』けんちゃんはさっそく手をせっけんできれいに洗い、お母さんの隣に行きました。お母さんはとってもきれいな三角のおにぎりをどんどん作っていきます。けんちゃんが作った2つのおにぎりのうち1つは丸い形になってしまいました。できたおにぎりをお弁当箱に詰めていると『おー、おいしそうだな』と大きなかばんを持ったお父さんがやって来ました。かばんからバットがはみ出て見えています。『今日は野球をするぞ』とお父さんが言うと『やったー』とけんちゃんはジャンプして大喜び。お弁当と水筒をかばんに入れて、さあ出発です。お父さん、お母さん、けんちゃんとまだ小さい妹が車に乗りました。今日の行き先は、とっても広い原っぱのある公園です。見上げると青空が広がっています。今日もきっと楽しい一日になることでしょう」

- ・けんちゃんはおにぎりをいくつ作りましたか。その数だけ一番上の段の長四角に○をかきましょう。
- ・真ん中の段です。けんちゃんのお弁当に入っているものに○をつけましょう。
- ・下の段です。けんちゃんはピクニックでお父さんと何をしますか。正しい絵に○をつけましょう。

2 推理・思考（比較）

- ・星の印のところです。2番目に多く水が入っているコップに○をつけましょう。
- ・月の印のところです。2番目に短いひもに○をつけましょう。
- ・太陽の印のところです。一番背の高い子に○、一番背の低い子に△をつけましょう。

3 推理・思考（回転図形）

- ・左側の四角を、上の小さな四角の数だけ右にコトンと倒すとどのようになりますか。一番上は小さい四角が1つなので1回倒すということです。上から2段目は小さい四角が2つなので2回倒すということです。やり方はわかりましたね。それでは、お約束通りに倒すとどの絵になりますか。その絵を見つけて○をつけましょう。

4 推理・思考（重ね図形）

・左側の2つは透き通った紙に印をかいたものです。左の紙をそのまま右の紙にスッと重ねると、どうなりますか。正しいと思うものを右側の3枚から選んで○をつけましょう。

5 数　量

・左から右に矢印が向いています。左の四角の中の果物より右の四角の中の果物の方が多いようです。いくつ増えたのか、その数だけ矢印の下の四角に○をかきましょう。

6 系列完成

・それぞれの段で形や果物が決まりよく並んでいます。空いている二重の四角の中には何が入るか考えてかきましょう。

7 推理・思考（四方図）

・男の子が道の向こう側から、女の子を見ています。道の向こう側の男の子からは、どのように見えていますか。正しいと思う絵に○をつけましょう。

8 模　写

・左のお手本と同じように右にかきましょう。

9 点図形

・左のお手本と同じになるように矢印の右側にかきましょう。

10 絵画（課題画）

・すべり台でお友達と遊んでいる絵を描きましょう。

11 構　成

・左のお手本を作るのに使うカードを、右から選んで○をつけましょう。

12 構　成

・左のお手本を作るのに使うカードを、右から選んで○をつけましょう。

13 構　成

・上の5枚のカードを全部使ってできる形を下から選んで、その形の下のカッコに○をかきましょう。

14 数量（すごろく）

・動物たちがすごろく遊びをしています。サイコロを振って1、3、5の目が出たときはその数だけ左に進み、2、4、6の目が出たときにはその数だけ右に進むお約束です。ライオンとゾウがそれぞれ3回サイコロを振り、下にかいてあるように目が出ました。では、今いるところから出た目の数だけ進むと、どのマス目に着きますか。それぞれ最後に着いたマス目に○をかきましょう。

15 数　量

・ウサギとクマが、道に落ちているプレゼントの箱を全部拾ってお家に帰ります。丸の印の箱にはクッキーが2枚、三角の印の箱にはクッキーが3枚、四角の印の箱にはクッキーが4枚入っています。途中でネズミに会ったら、クッキーを1枚あげてください。ウサギとクマは、お家に帰ったときにいくつのクッキーを持っていますか。その数だけ、それぞれのお家の四角の中に○をかきましょう。

16 数　量

・2つ並んだ巣箱に小鳥が入っています。右の巣箱に、小鳥が1羽飛んできて入りました。左の巣箱からは小鳥が2羽飛んでいってしまいました。今、巣箱にいる小鳥の数を右と左で同じ数にするには、多い方から少ない方へ何羽お引っ越しすればよいですか。その数だけ、下の長四角に○をかきましょう。

1

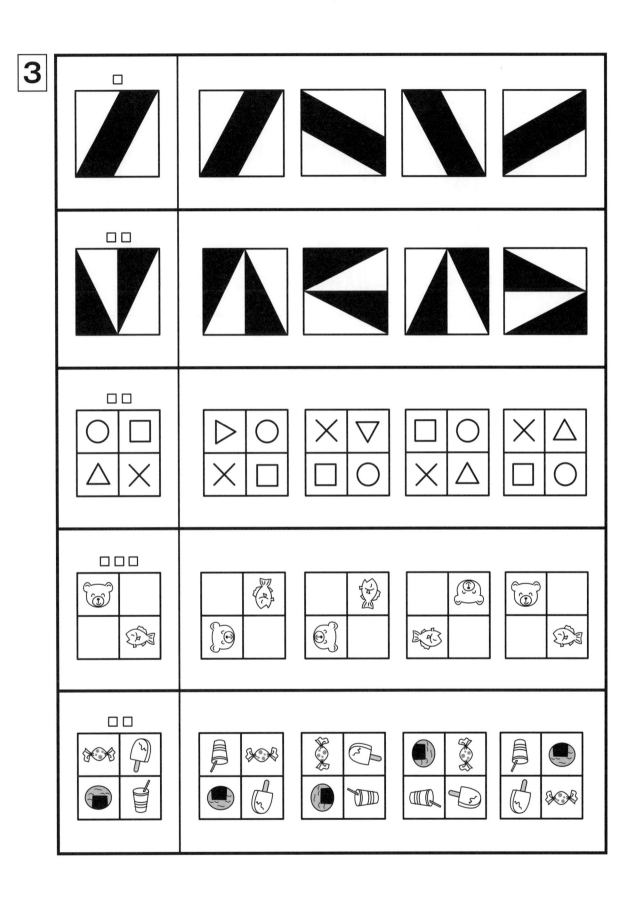

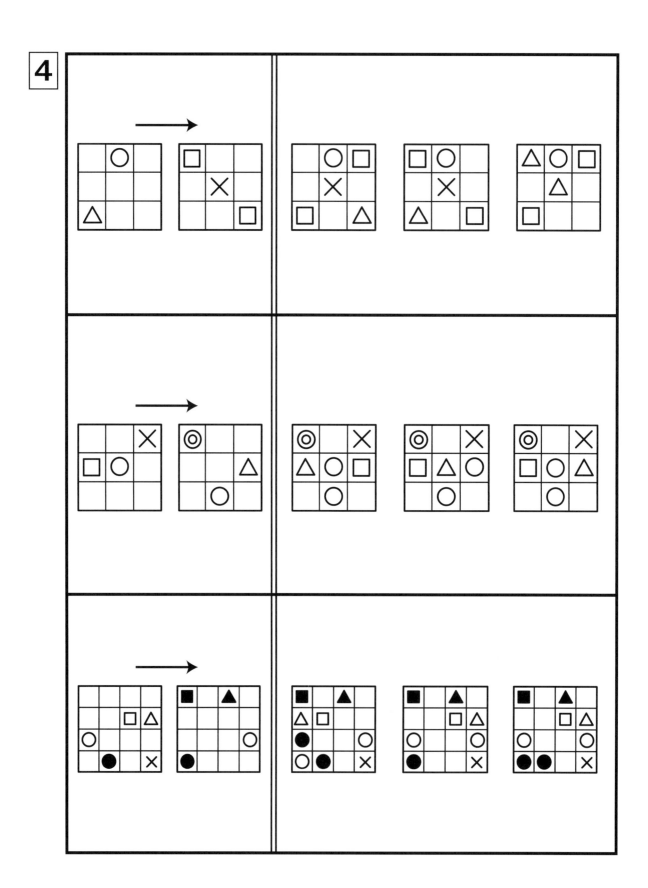

5

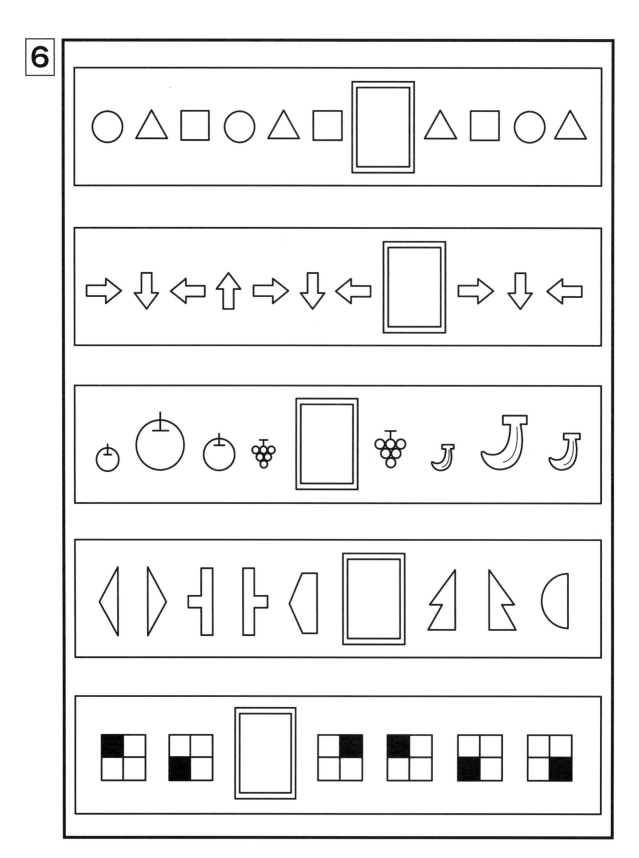

7

8

	■		
			△
		●	
	○		
▲			
		□	

◎		○	
	△		●
◇		◆	
		◎	
○			□
●		▲	

9

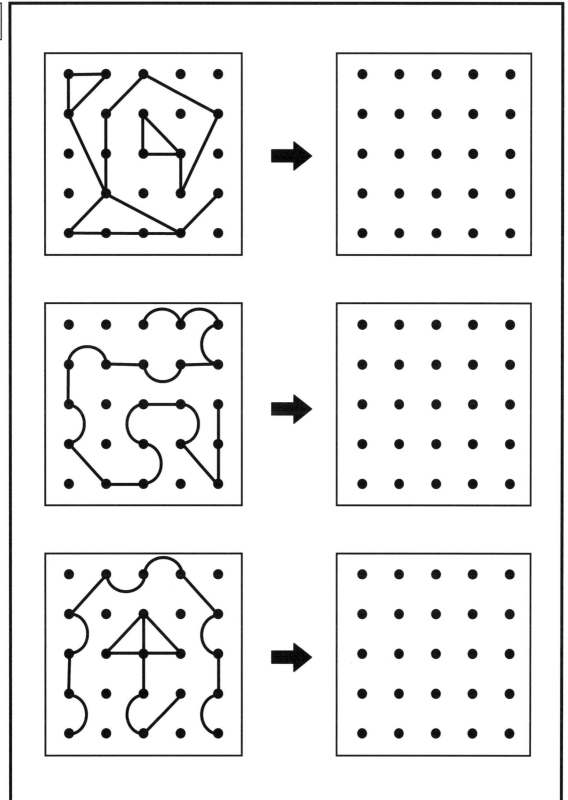

10

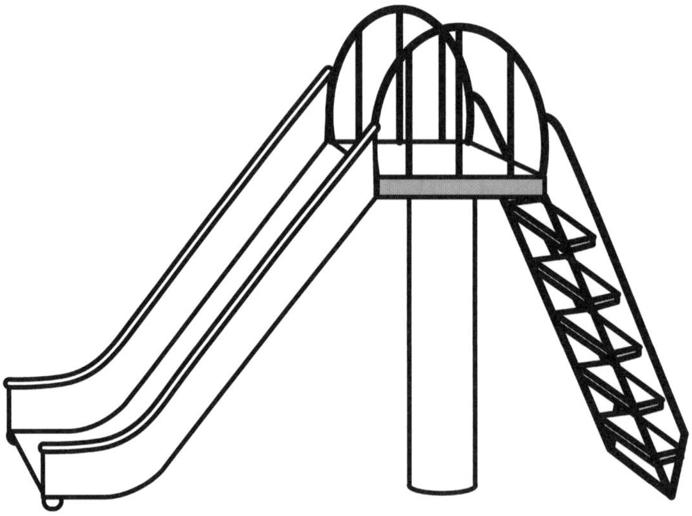

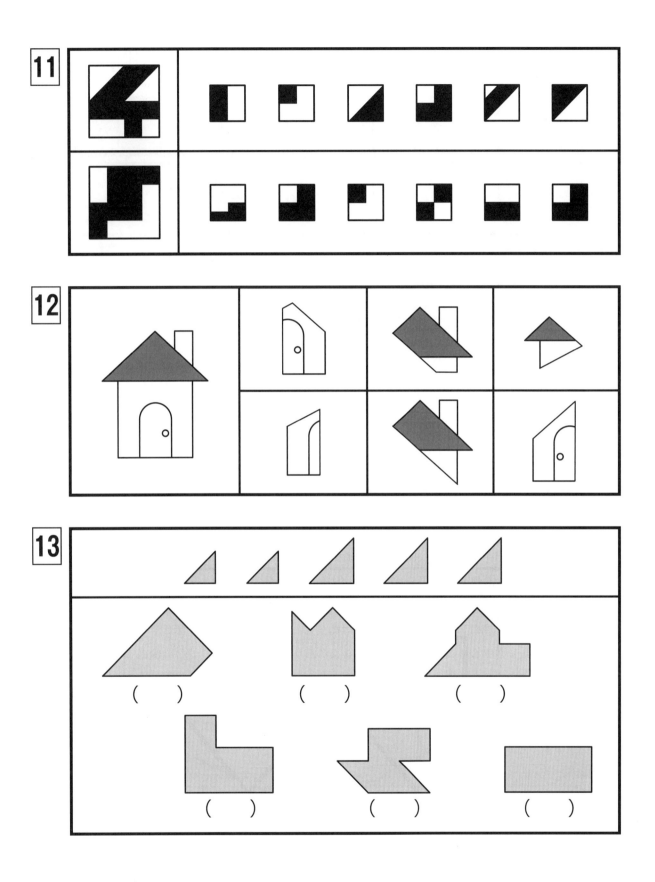

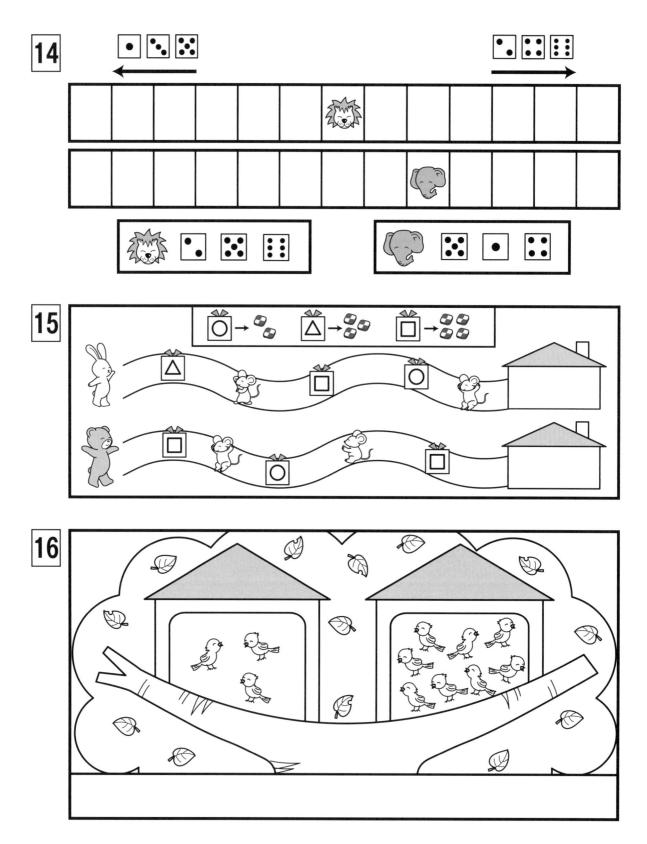

2024 学校別過去入試問題集

✏ 年度別入試問題分析【傾向と対策】　✏ 学校別入試シミュレーション問題　✏ 解答例集付き

伸芽会の有名小学校合格シリーズ

Shinga-kai

カラーページ増殖中！
※2022年秋実施の入試問題を含む

過去 5 〜 15 年間分
全 44 冊 52 校掲載

定価 3410 円〜 3520 円
（本体 3100 円〜 3200 円 + 税 10%）

全国の書店・伸芽会出版販売部にお問い合わせください。

 伸芽会　出版販売部 **03-6914-1359** （10:00〜18:00 月〜金）

2023 年 2 月より
順次発売中！

〒171-0014 東京都豊島区池袋 2-2-1 7F　https://www.shingakai.co.jp

［過去問］ 2024

早稲田実業学校初等部 入試問題集

解答例

＊ **解答例の注意**

この解答例集では、ペーパーテスト、個別テスト、集団テストの中にある□数字がついた問題、入試シミュレーションの解答例を掲載しています。それ以外の問題の解答はすべて省略していますので、それぞれのご家庭でお考えください。

入試シミュレーションの
解答例もあります！

© 2006 studio*zucca

Shinga-kai

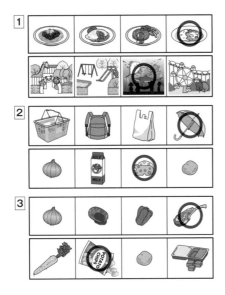

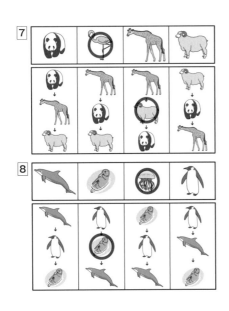

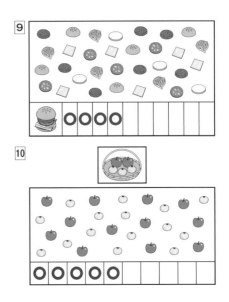

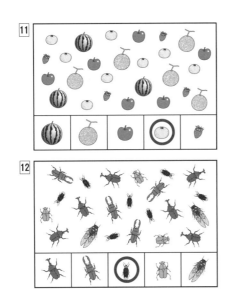

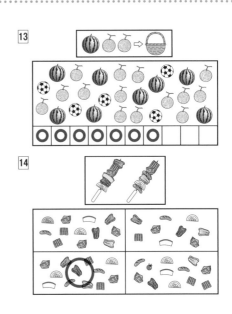

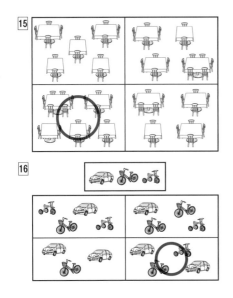

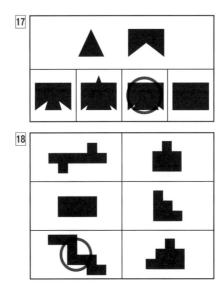

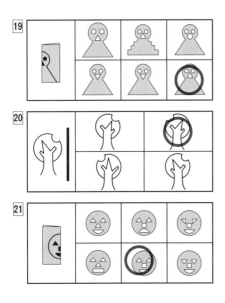

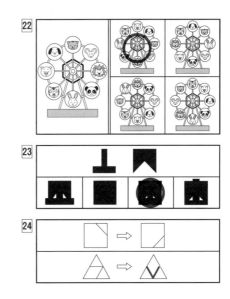

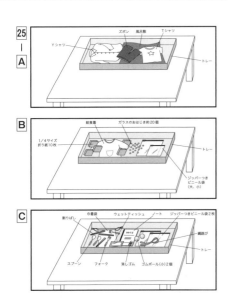

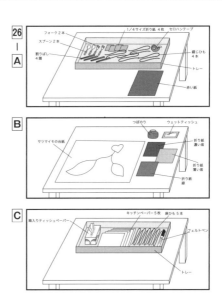

26
I
D

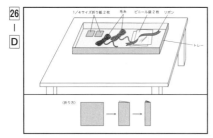

E

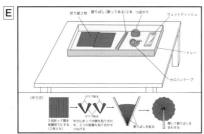

1

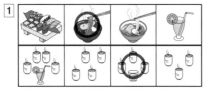

2

3

4

5

6

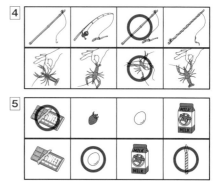

7

8

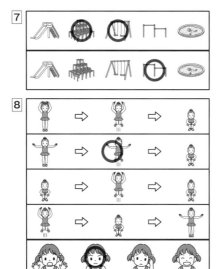

9

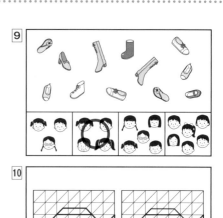

10

11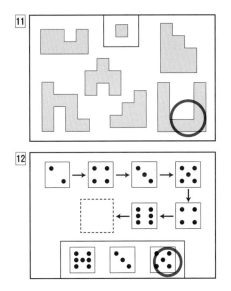

12

13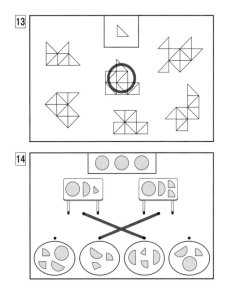

14

15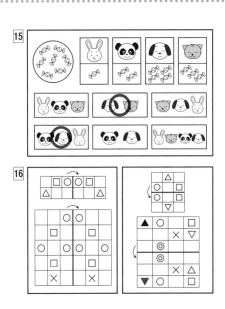

16

17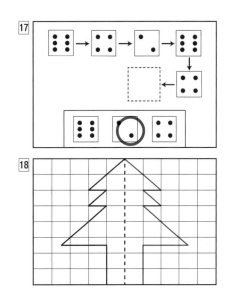

18

19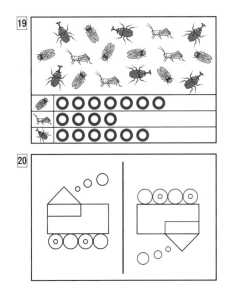

20

21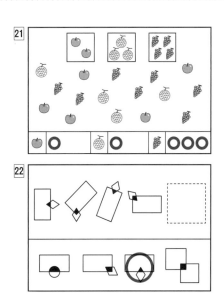

22

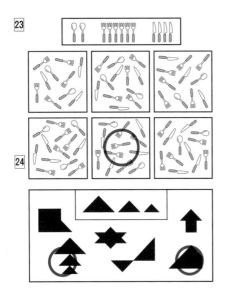

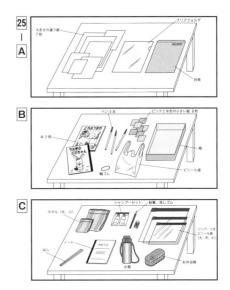

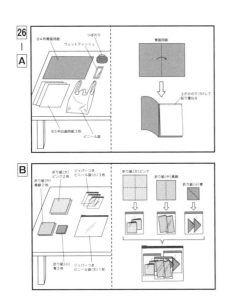

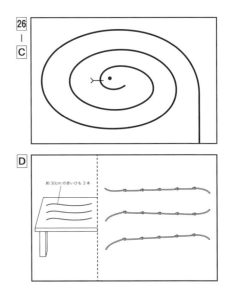

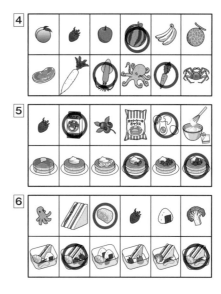

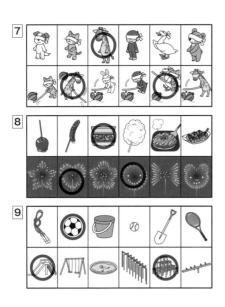

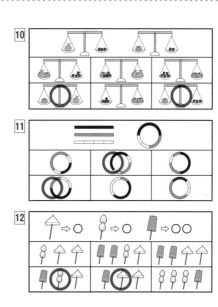

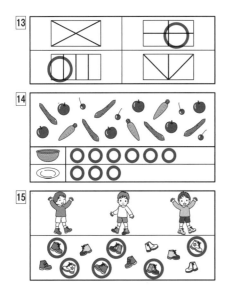

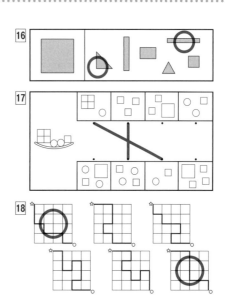

19-A

19-B

19-C

19-D

20-A

20-B

21-A

21-B

1
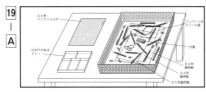

2
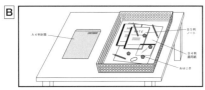

3

4
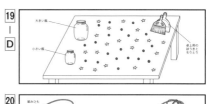

5
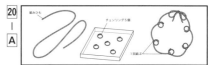

6
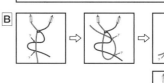

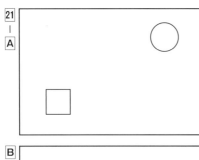

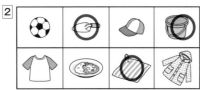

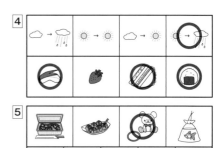

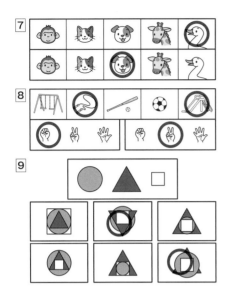

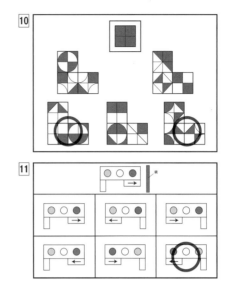

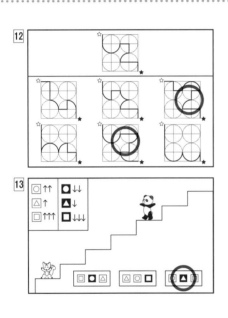

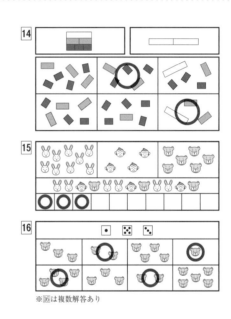

※16は複数解答あり

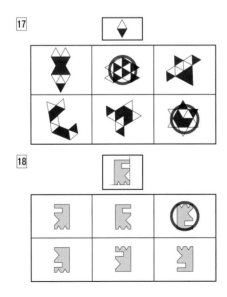

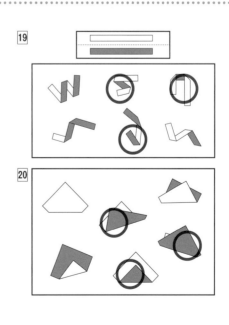

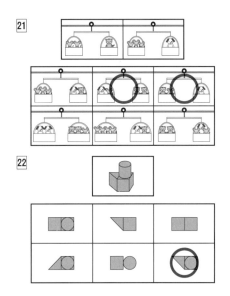

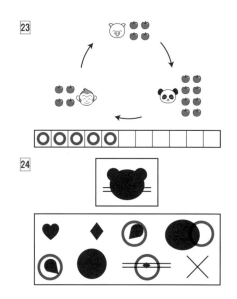

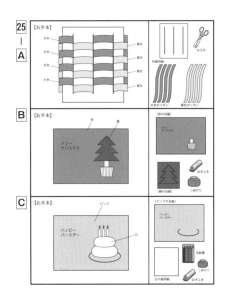

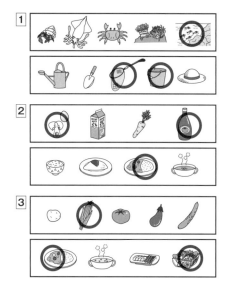

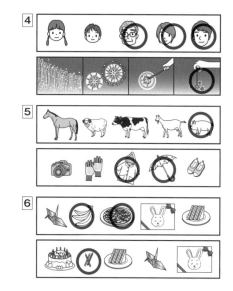

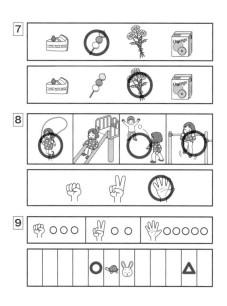

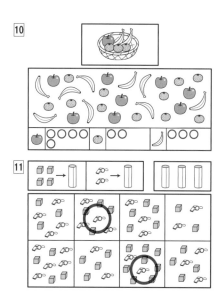

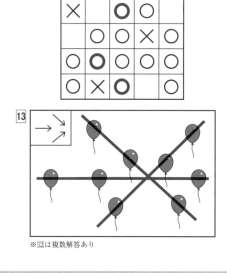

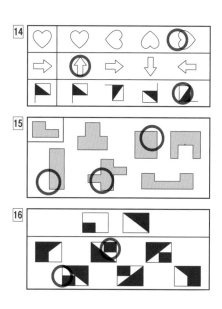

※12は複数解答あり

17

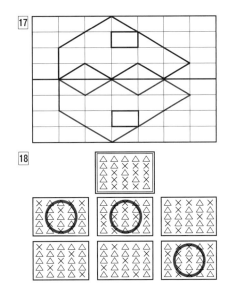

18

19

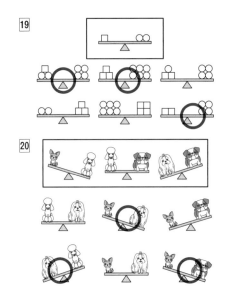

20

21

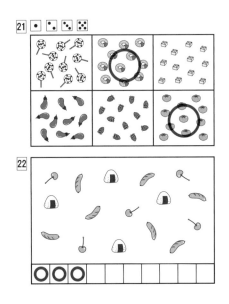

22

23

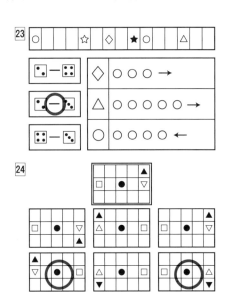

24

25
－
A

B

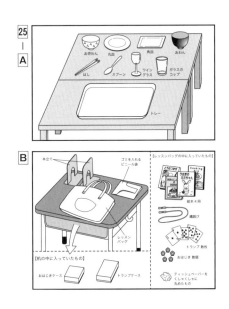

25
－
C

D

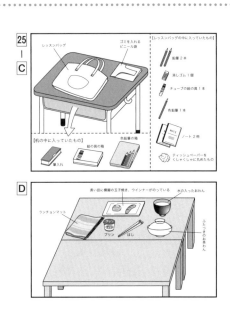

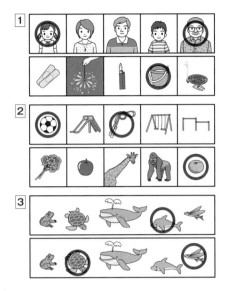

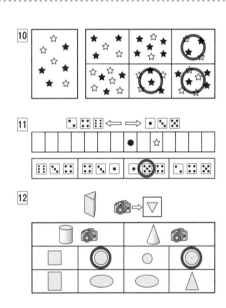

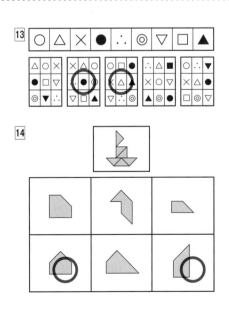

17

18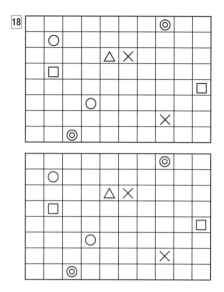

19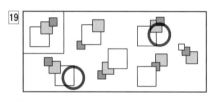

20

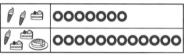

21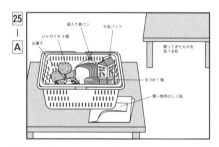

22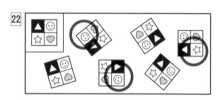

23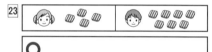

24

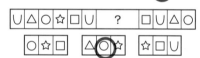

25
|
A
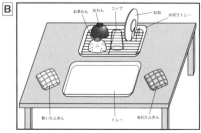

25
|
C
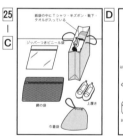

D

25
|
B

26
|
A
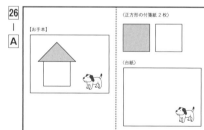

26 - B

A4判のクリアフォルダ

金色シール

【お手本】

緑シール
赤シール

〈台紙〉

クリアフォルダの中にお手本と
台紙、シールが入っている

| 金色シール（大） | 赤シール（中） | 緑シール（小） |

27

1

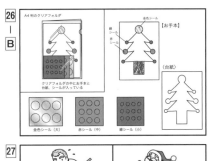

2

3

4

5

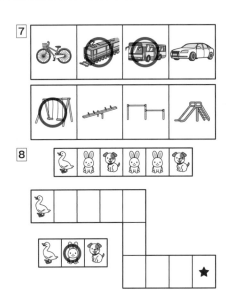

6

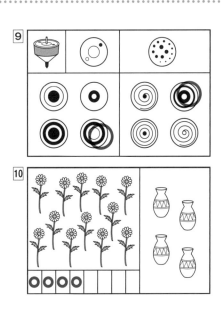

7

8

9

10

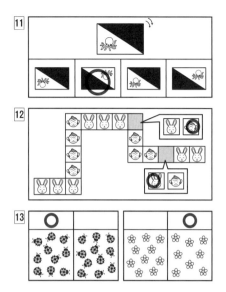

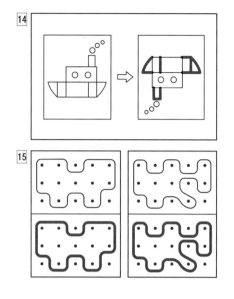

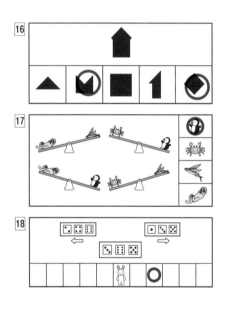

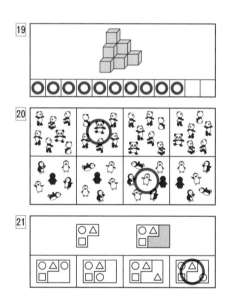

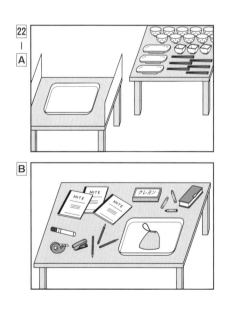

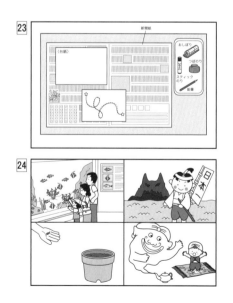

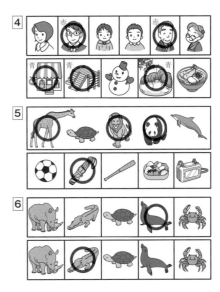

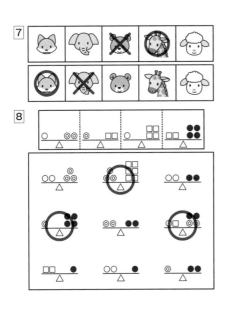

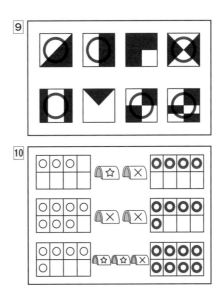

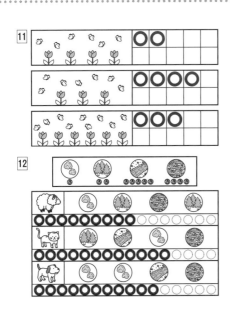

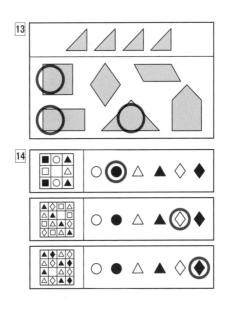

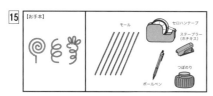

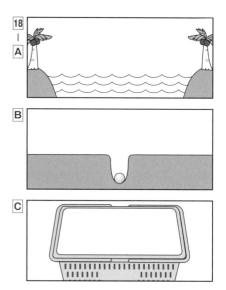

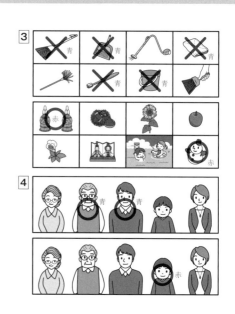

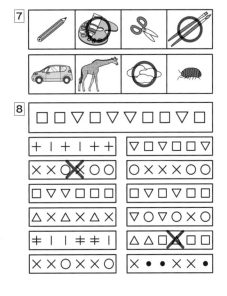

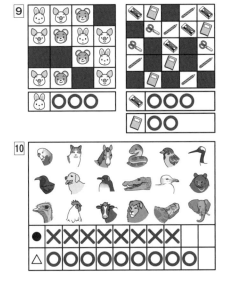

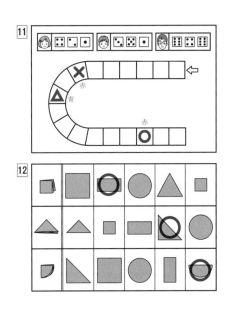

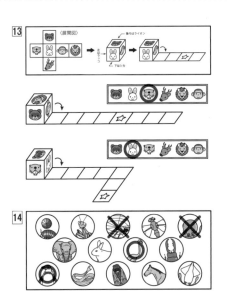

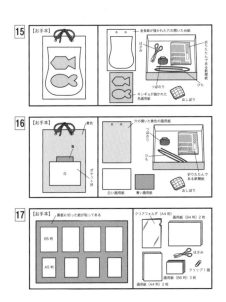

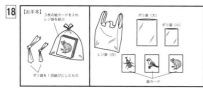

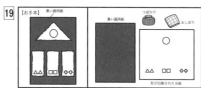

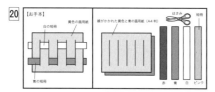

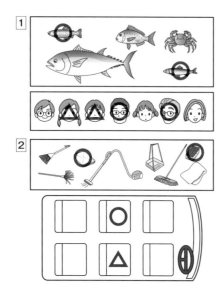

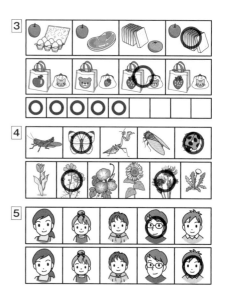

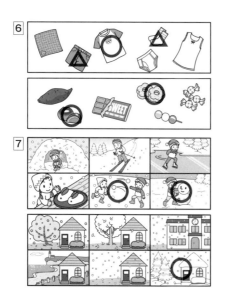

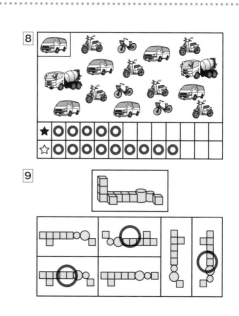

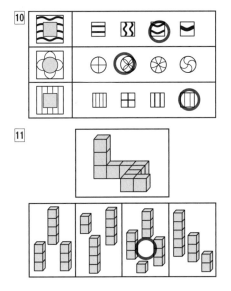

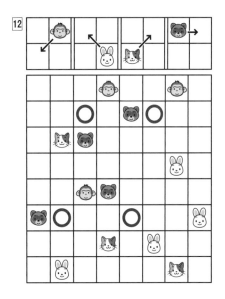

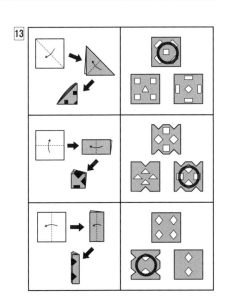

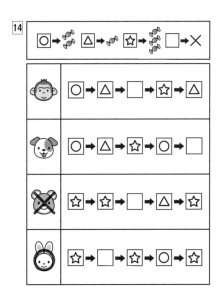

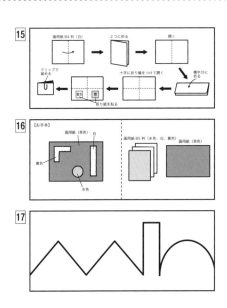

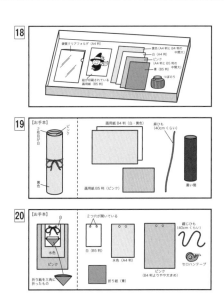

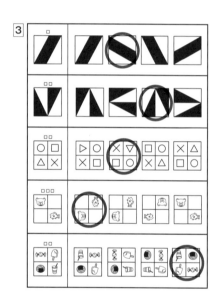

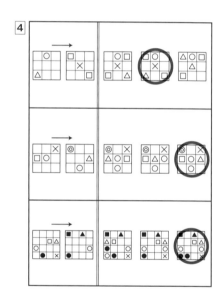

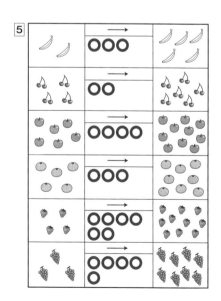

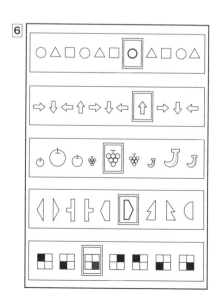

7

8
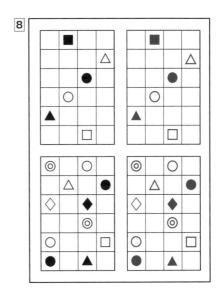

9
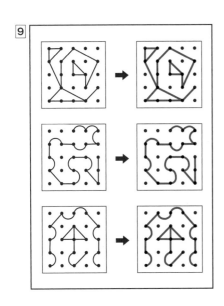

10
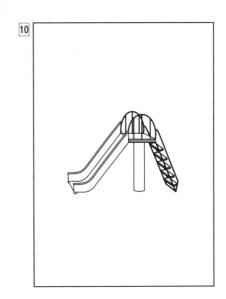

11
12
13
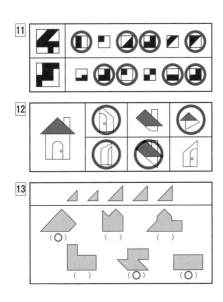

14
15
16
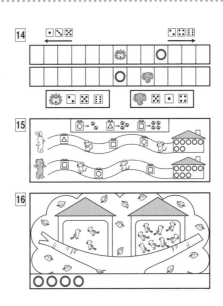

Shinga-kai